이 책을 통해
마음을 환히 밝히고 세상을 따뜻이 비출
나 그리고 당신에게 드립니다.

*thanks wisdom courage*
*challenge regard love*

# 잠언力

*Power of Proverbs*

## 달라질 나를 위한 한 줄의 힘

정지환 지음

북카라반
CARAVAN

# 잠언의 두레박을 올리며

감사 습관을 몸에 붙이기 위해 시작한 일이 있습니다. 매일 아침 일어나 아들에게 잠언 한 장씩을 읽어주며 하루 일과를 시작한 것이지요. 15일에는 15장을 읽어 주는 식인데, 잠언은 31장으로 구성되어 매일 한 장씩 읽기 적합합니다. 그렇게 3년이 지났을 무렵부터 그 장에서 '가슴에 꽂히는' 한 구절을 뽑아 10분 정도 묵상한 다음 단상을 적었습니다. 그 글을 처음에는 소박하게 직장 동료 12명과 나누었고, 현재는 셀 수 없을 정도로 많은 사람과 나누고 있습니다.

그렇게 감사 등고선은 높이고 나이테는 넓혀나가자 여기저기서 나를 찾기 시작했습니다. 기업, 학교, 군대, 교회 등에서 감사 체험과 실천 방법을 듣고 싶다며 불렀고, 그러다가 한 대학교 객원 교수로 초빙되기에 이르렀습니다. 『감사나눔신문』에 연재하던 '감사

스토리텔링'이 북카라반의 제안으로 『내 인생을 바꾸는 감사 레시피』로 변신하기도 했지요.

"그 손의 열매가 그에게로 돌아갈 것이요 그 행한 일로 말미암아 성문에서 칭찬을 받으리라(잠언 31장 31절)." 총 915절로 구성된 잠언의 마지막 장 마지막 절이 '열매'와 '칭찬'으로 장식되어 있다는 것은 예사로운 일이 아닙니다. 노력한 사람이 열매를 거두는 사필귀정事必歸正, 의로운 사람이 칭찬받는 해피엔딩happy ending을 암시하기 때문이지요. 잠언을 두레박 삼아 새벽에 길어 올린 감사, 지혜, 용기, 도전, 배려, 사랑의 생수가 행복한 성공을 꿈꾸는 사람들에게 작은 힘이라도 될 수 있다면 참 좋겠습니다.

나는 앞으로도 감사 페달을 열심히 밟을 것입니다. 그러면 나의 행복 자전거는 쓰러지지 않고 앞으로 힘차게 달려 나갈 것이라 확신합니다.

2014년 1월

정지환

노하기를 더디 하는 자는 크게 명철하여도
마음이 조급한 자는 어리석음을 나타내느니라.
A patient man has great understanding,
but a quick-tempered man displays folly.

14장 29절

Power of Proverbs

첫
번째 잠언力

겸손한 나를 위한
감사의 힘

thanks

# 1
# 꺼뜨리지 말아야 할 것

의인의 길은 돋는 햇살 같아서 크게 빛나 한낮의 광명에 이르거니와
**4장 18절**

　'돋는 햇살'은 동틀 녘의 희미하고 어슴푸레한 빛을 말합니다. 한문 성경의 '여명의 빛黎明的光'보다 적극적인 의역입니다. 돋는 것에는 새싹과 새살도 있습니다. 새싹은 겨울을, 새살은 상처를 겪고 나서야 돋습니다. 삶이 고달픈가요? 감사의 불씨만은 꺼뜨리지 마시길 바랍니다. 작은 불씨가 크게 빛나 감사의 불꽃으로 활활 타오를 날이 올 테니까요.

## 2
# 감사와 미움

마음이 굽은 자는 여호와께 미움을 받아도 행위가 온전한 자는 그의 기뻐하심을 받느니라 11장 20절

제갈정웅 전 대림대 총장이 명월초라는 약초로 실험을 했습니다. 잎이 달린 줄기를 두 개의 물컵에 넣고, 각각 '감사'와 '미움'이란 단어를 붙여놓았지요. 그랬더니 일주일 후 전자는 그대로였지만 후자는 휘어져 동그랗게 말렸습니다. 감사에는 반듯하게, 미움에는 삐딱하게 반응한 것이지요. 자녀를 반듯하고 온전하게 키우고 싶다면 감사를 가르쳐보세요.

# 3
# 진정한 승자

마땅히 행할 길을 아이에게 가르치라 그리하면 늙어도 그것을 떠나지 아니하리라 22장 6절

사랑하는 아들아. 진정한 경쟁은 '오늘의 나'가 '어제의 나'와 겨루는 것이다. 가장 무서운 적은 내 안에 있다. 자신과의 싸움에서 이기는 사람이 진정한 승자라는 사실을 잊지 말자. 아빠에게 매일 아침의 잠언 읽기와 저녁의 감사 일기 쓰기는 자신과의 싸움에서 이기기 위한 일상 속 훈련이란다. 그 누구도 네가 감당해야 할 자신과의 싸움을 도와줄 수 없다. 아빠는 네가 감사를 네 인생의 '마땅히 행할 길'로 삼기를 바란다. 그리하여 늙어도 감사에서 떠나지 않기를 바란다. 네가 내 아들이어서 고맙다. 사랑한다. 아들아.

**4**

# 구원투수

게으른 자는 가을에 밭 갈지 아니하나니 그러므로 거둘 때에는 구걸할지라도 얻지 못하리라 **20장 4절**

매일 인터넷에 감사 일기를 올린 지 3년이 되어갑니다. 감사 일기 작성법은 간단합니다. 우선 하루 동안 있었던 일을 기억나는 대로 적습니다. 그리고 항목이 끝날 때마다 "감사합니다"라는 다섯 글자로 마무리합니다. 하나의 사례만 들어보지요. "아내의 머리를 염색해주었더니 백발 새치가 흑단 모발이 되었습니다. 감사합니다." 감사를 아예 인생의 마무리 구원투수로 쓰고 싶습니다. 감사는 9회 말 투아웃 만루 위기에 빠졌을 때 돌 직구를 던져줄 확실한 구원투수입니다.

## 5
# 감사의 동아줄

악인은 자기의 악에 걸리며 그 죄의 줄에 매이나니 5장 22절

자승자박自繩自縛. 불행해서 불평한 것이 아니라 불평
이 불행을 부릅니다. 자업자득自業自得. 행복해서 감사
한 것이 아니라 감사가 행복을 만듭니다. 자중자애自
重自愛. 죄의 줄에 발목이 잡히는 인생이 아니라 감사
의 동아줄로 비상하는 인생이기를 소망합니다. 감사
로 행복한 주말 보내세요.

# 멈추지 않는다

그것을 항상 네 마음에 새기며 네 목에 매라 6장 21절

(부모의 명령과 가르침을) 마음에 새기고 목에 매라는 것은 습관화, 체질화, 생활화의 상징적 표현입니다. 주야 24시간을 창조하는 자전과 사계절 24절기를 창조하는 공전은 한순간도 멈추지 않습니다. 사랑과 행복을 창조하는 감사 자전과 감사 공전이 365일 멈추지 않는 복된 인생을 살면 좋겠습니다.

## 7
# 화살을 쏘라

필경은 화살이 그 간을 뚫게 되리라 7장 23절

로빈 후드의 화살은 심장을 꿰뚫지만 큐피드의 화살
은 마음을 흔듭니다. 원죄의 화살도 있지만 감사의 화
살도 있습니다. 한자 '감사感謝'를 분해하면 '마음心을
다해咸 말言의 화살을 쏘라射'는 의미입니다. 행복 복
권 당첨을 원하십니까? 감사와 사랑의 활시위를 힘차
게 당기십시오. 그리고…… 쏘세요!

# 빛나는 삶

여호와를 경외하는 것은 악을 미워하는 것이라. 나는 교만과 거만과 악한 행실과 패역한 입을 미워하느니라 8장 13절

이렇게 거꾸로 읽어보는 것은 어떨까요? "여호와를 경외하는 것은 선을 사랑하는 것이라. 나는 겸손과 존중과 선한 행실과 친절한 말을 사랑하느니라." 한문 성경은 여호와를 '야화화耶和華'로 표기합니다. 화합해 세상을 빛내며 산다면 모든 문제는 저절로 풀리지 않을까요?

# 지혜로움

네가 만일 지혜로우면 그 지혜가 네게 유익할 것이나 네가 만일 거
만하면 너 홀로 해를 당하리라 9장 12절

지혜는 발전합니다. 지혜로움이 지혜를 부릅니다. 그
래서 지혜로운 사람은 인격의 성숙이라는 열매를 맛
봅니다. 거만은 퇴보합니다. 거만한 사람은 고통과
외로움의 쓴잔을 마셔야 합니다. 그래서 거만은 어리
석음과 동의어입니다. 어쩌면 우리 인생은 지혜와 감
사의 정으로 거만과 어리석음의 모서리를 쪼아내, 돌
을 옥으로 만드는 과정인지도 모르겠습니다.

# 설레면 이긴다

악인에게는 그의 두려워하는 것이 임하거니와 의인은 그 원하는
것이 이루어지느니라 10장 24절

"남이 나를 알아주지 못할까 걱정하지 말고 내가 남
을 제대로 알지 못함을 걱정하라." 『논어』에 나오는
공자의 말입니다. 타인에 대한 관심과 애정, 세상에
대한 호기심이 넘친다면 두려워할 것이 없습니다. 마
침 오늘 아침 라디오에서 이런 금언이 흘러나오네요.
"걱정하면 지고 설레면 이긴다." 두려움은 버리고 설
렘으로 승리하는 하루 보내시기 바랍니다.

# 11
# 불멸이 되는 것

공의로운 길에 생명이 있나니 그 길에는 사망이 없느니라 12장 28절

조조할인으로 영화 〈타워〉를 봤습니다. 주인공인 베테랑 소방관 영기(설경구)는 후배와 많은 시민을 살리기 위해 화염 속에 홀로 남습니다. 그가 음성 녹음으로 아내에게 남긴 유언은 세 마디였습니다. "미안해, 고마워, 사랑해." 감독의 의도와 상관없이 순서의 함의를 생각해봤습니다. 그리고 감사는 미안을 사랑으로 전환하는 매개이자 통로라는 결론을 얻었습니다. 미안, 감사, 사랑이 진정한 생명을 얻을 때 어떤 사망은 불멸이 되기도 합니다.

# 12
# 침묵의 비밀

입을 지키는 자는 자기의 생명을 보전하고 입술을 크게 벌리는 자에게는 멸망이 오느니라 13장 3절

때로는 침묵이 웅변보다 강합니다. 입은 닫고 귀는 여는 것이 침묵입니다. 한자 '들을 청聽'에는 생명을 살리는 침묵의 비밀이 들어 있습니다. 귀 이耳, 임금 왕王, 열 십+, 눈 목目, 한 일一, 마음 심心을 합한 글자니까요. 귀를 왕에게 하는 것처럼 활짝 열고, 눈을 열 배로 크게 떠서 보고, 마음을 하나로 모아서 들어보라는 말입니다. 자신의 가족을, 이웃을, 동료를, 고객을 왕으로 섬기는 자에게는 멸망이 아닌 생명이 선물로 주어질 것입니다.

# 13
# 인내는 필수

노하기를 더디 하는 자는 크게 명철하여도 마음이 조급한 자는 어리석음을 나타내느니라 14장 29절

"나에게 나무를 벨 8시간이 주어진다면 그중 6시간을 도끼날을 가는 데 쓰겠다." 나무꾼 출신의 미국 16대 대통령 링컨이 했던 말입니다. 아무리 급해도 바늘허리에 실을 묶어서 쓸 수 없다는 우리 속담과 일맥상통합니다. 이루고 싶은 꿈이 있습니까? 꿈이 간절할수록 철저히 준비해야 합니다. 조급은 금물이고 인내는 필수입니다. 경중완급輕重緩急의 묘미를 살리는 한 주 보내시기 바랍니다.

# 감사 카메라

여호와의 눈은 어디서든지 악인과 선인을 감찰하시느니라 15장 3절

이탈리아에는 '악마의 눈'이라는 말이 있다고 합니다. 그들은 자신이 잘 먹고 잘산다고 자랑하면 악마의 눈이 살아나 타인의 시기와 질투를 유발하고, 결국에는 장수하지 못한다고 믿습니다. 그런 점에서 악마의 눈은 감시 카메라입니다. '여호와의 눈'은 우리가 타인과 더불어 겸손하게 살아가는지 어디서든지 감찰합니다. 예수의 얼굴을 바라보듯이 타인을 사랑하며 살아간다면 '감시 카메라'가 '감사 카메라'로 바뀌지 않을까요?

## 15
# 교만과 거만

교만은 패망의 선봉이요 거만한 마음은 넘어짐의 앞잡이니라
**16장 18절**

자부심과 자기애는 필요합니다. 하지만 지나치면 가톨릭에서 칠죄七罪의 으뜸으로 치는 교만하고 거만한 마음을 지니게 됩니다. 그런 사람은 힘들여 쌓은 탑을 스스로 넘어뜨리고 결국에는 패망의 치욕을 당한다는 것이 동서고금의 역사가 주는 교훈입니다. 겸손과 감사를 승리와 일어섬의 앞잡이로 삼는 인생을 사시기 바랍니다.

# 눈처럼

허물을 덮어주는 자는 사랑을 구하는 자요 그것을 거듭 말하는 자는 친한 벗을 이간하는 자니라 **17장 9절**

상대의 잘못을 지적하는 것은 당연히 해야 할 일입니다. 하지만 그 바탕에 사랑과 감사가 없다면 마음이 상하고, 심지어 관계가 깨질 수도 있습니다. 오세영 시인은 이렇게 노래했습니다. "깨진 그릇은 칼날이 된다. 무엇이나 깨진 것은 칼이 된다." 서로에게 상처만 주는 무익한 비판은 가급적 피하는 것이 좋습니다. '설욕전'의 '설'은 눈 설雪 자를 씁니다. 온 세상을 하얗게 덮는 눈처럼 때로는 상대의 잘못을 덮어주는 것은 어떨까요? 잘못을 만회할 기회를 주는 셈이니까요.

# 귀 기울이는 사람

사연을 듣기 전에 대답하는 자는 미련하여 욕을 당하느니라
18장 13절

영화감독 스티븐 스필버그는 "어떤 사람을 가장 싫어하느냐"라는 질문을 받고 답했습니다. "남의 말에 귀를 기울이지 않는 사람이다." 가장 뛰어난 인터뷰는 상대의 답변에서 다음 질문을 찾아내는 것입니다. 하지만 우리는 자신이 할 말을 생각하느라 상대의 말에 집중하지 못할 때가 많습니다. 소크라테스는 질문 왕, 공자는 답변 왕, 예수는 비유 왕이었습니다. 우리는 오늘 경청 왕에 도전해볼까요?

# 가족과 함께

미련한 아들은 그의 아비의 재앙이요 다투는 아내는 이어 떨어지는 물방울이니라 **19장 13절**

근자열원자래近者說遠者來.『논어』에 나오는 말입니다. 가까이 있는 사람을 기쁘게 하면 멀리 있는 사람은 저절로 찾아오기 마련입니다. 한 세미나에서 "가장 뛰어난 관광지는 그곳에 사는 원주민이 행복과 긍지를 느끼는 장소다"라는 말을 들었습니다. 가장 가까이 있는 아내와 자녀가 행복과 긍지를 느끼면, 가족은 재앙의 물방울이 아니라 축복의 꽃가루가 될 것입니다. 가족과 기쁨이 넘치는 하루 보내시기 바랍니다.

# 19
# 피스 메이커

다툼을 멀리하는 것이 사람에게 영광이거늘 미련한 자마다 다툼을
일으키느니라 20장 3절

넬슨 만델라는 젊은 시절 백인 정부에 맞서 싸우던 열
혈 투사였습니다. 백인 정부는 그를 27년 동안 감옥
에 가두었습니다. 그들은 만델라가 분노와 절망으로
자멸하기를 기대했는지도 모릅니다. 하지만 감옥 안
에서 감사에 눈뜬 만델라는 분노를 용서로 승화했고,
출옥 이후 흑백 간 전쟁이 아니라 화해의 새길을 열었
습니다. 감사와 용서로 다툼과 분노를 이겨낸 사람만
이 진정한 용기와 리더십을 발휘합니다. 우리도 '트
러블 메이커'가 아니라 '피스 메이커'의 인생을 살아
야겠습니다.

# 폭넓게 보라

지혜로도 못하고, 명철로도 못하고, 모략으로도 여호와를 당하지 못하느니라 21장 30절

"용장勇將은 지장智將만 못하고, 지장은 덕장德將만 못하고, 덕장은 복장福將만 못하다." 『손자병법』에 나오는 말입니다. 많이 아는 지장은 덕이 많은 덕장을 이기지 못하고, 덕이 많은 덕장은 복이 많은 복장을 이기지 못한다고 풀이할 수 있겠지요. 용맹, 지혜, 베풂은 인간의 영역이지만 복락은 하늘의 영역입니다. 유한한 존재인 인간이 복락을 누리는 비법은 한자 화禍(허물을 보다)의 반대어인 복福(폭넓게 보다)에 숨어 있습니다. 오늘 하루 세상 넓게 보기로 '복장'에 도전해보는 것은 어떨까요?

# 21
# 행복이라는 근육

그의 맛있는 음식을 탐하지 말라 그것은 속이는 음식이니라
23장 3절

"게임보다 독서를, 텔레비전보다 영화를, 골프보다 걷기를, 사우나보다 반신욕을 선택하라." 김난도 교수가 『아프니까 청춘이다』에서 소개한 '내가 되도록 하지 않으려는 행동, 되도록 하려는 행동' 목록입니다. 이 중에는 '다이어트보다 운동을'도 있더군요. 의사에게 다이어트 잘하는 비법을 청해 듣기 전에 비만에 취약한 생활 태도를 바꿔야 합니다. 효능이 뛰어난 소화제를 찾기 전에 소화 불량에 걸리지 않도록 과식하지 않아야 합니다. 여기에 '불만보다 감사를' 항목을 추가해보는 것은 어떨까요? 감사는 불행이라는 군살은 빼주고 행복이라는 근육은 키워주는 탁월한 운동이니까요.

# 희망의 날개

대저 의인은 일곱 번 넘어질지라도 다시 일어나려니와 악인은 재앙
으로 말미암아 엎드러지느니라 24장 16절

영어 성경은 '넘어지다'와 '일어나다'를 'fall'과 'rise'로 표기합니다. 여기에는 '추락하다'와 '날아오르다'라는 의미도 있지요. "주님이 우리를 벼랑 끝으로 부르시는 것은 우리가 날개를 가진 거룩한 천사임을 깨닫게 하시려는 것이다." 암 투병 중인 최인호 작가의 말입니다. 어느 여류 시인은 "추락하는 것은 날개가 있다"라고 노래했지요. 지금 고난의 시간을 보내고 있습니까? 희망은 늘 고통과 동행하기 마련입니다. 희망의 날개가 있기에 우리는 다시 비상할 수 있습니다. 희망과 감사로 칠전팔기하는 하루 보내세요.

## 23
# 힘을 빼라

오래 참으면 관원도 설득할 수 있나니 부드러운 혀는 뼈를 꺾느니라
**25장 15절**

얼마 전에 아들과 영화 〈라이프 오브 파이〉를 봤습니다. 주인공이 잔혹한 악몽을 환상적 동화로 바꾸어 트라우마를 극복하는 지혜가 돋보였습니다. 부드러움이 강함을 이기는 반전 때문에 그래도 세상은 살 만합니다. 손을 움켜쥐면 바위가 되고, 손을 활짝 펴면 보가 됩니다. 손에서 힘을 빼면 이기고, 힘을 잔뜩 쥐 주먹을 만들면 집니다. 자실인의慈室忍衣. 한 경영자의 방에서 봤던 휘호입니다. 자비로 집을 삼고 인내로 옷을 삼는 인생의 여정은 행복의 피안에 반드시 정박할 것이라 믿습니다.

# 감칠맛

그 말이 좋을지라도 믿지 말 것은 그 마음에 일곱 가지 가증한 것이 있음이니라 26장 25절

감사 일기와 감사 명상으로 자신과 대화해보세요. 감사 편지와 감사 문자로 가족과 동료에게 사랑의 마음을 전하세요. 어머니 생신날에 감사장을 만들어 금일봉, 꽃다발과 선물하세요. 아버지 제삿날에 '아버지에게 고마웠던 100가지 추억'을 준비했다가 낭독해보세요. 감사로 하루를 시작하고 마무리할 수 있는 감사 성소를 서재나 거실에 만들어보세요. 일곱 가지 감사 실천으로 '감칠맛(감사로 맛볼 수 있는 7가지 맛)' 나는 인생을 산다면 일곱 가지 증오가 칠십 가지 사랑으로 바뀌지 않을까요?

# 오늘이라는 선물

너는 내일 일을 자랑하지 말라 하루 동안에 무슨 일이 일어날지 네가 알 수 없음이니라 27장 1절

"지금부터 / 백 일만 산다고 생각하면 / 삶이 조금은 지혜로워지지 않을까" 이해인 수녀의 시 「백일홍 편지」의 한 대목입니다. 시인이 수필 「12월의 편지」에서 충고한 것처럼, 오늘 이 시간을 '내 남은 생애의 첫 날' 이자 '어제 죽어간 사람이 그토록 살고싶어 하던 내일'로 여기며 사는 것에 해답의 열쇠가 있습니다. 기쁨, 분노, 슬픔, 불안, 즐거움이 출렁대는 인생의 오선지 위에 감사의 음표를 그려 넣으면 좋겠습니다. 오늘이라는 선물에 감사하며 또 하루를 시작합니다.

# 받아들이다

사람이 교만하면 낮아지게 되겠고 마음이 겸손하면 영예를 얻으리라
29장 23절

감사는 바다를 닮았습니다. 바다의 어원은 '받아들이다'라고 합니다. 이 세상의 모든 것을 받아들이려면 자신이 먼저 크고 넓은 그릇이 되어야 합니다. 도랑, 개울, 샛강보다 바다가 크고 넓은 이유는 가장 낮은 곳에 있기 때문입니다. 사람이 교만하면 낮아지고, 마음이 겸손하면 높아지는 것이 하늘의 이치입니다. 도랑처럼 좁은 교만이 아니라 바다처럼 넓은 겸손을 선택해야 합니다. 감사와 행복을 온전히 받아들이고 흘려보내는 하루 보내시기 바랍니다.

# 주어진 선물

머리에게는 두 딸이 있어 다오 다오 하느니라 족한 줄을 알지 못하
여 족하다 하지 아니하는 것 서넛이 있나니 30장 15절

에덴동산에는 모든 것이 있었습니다. 아담은 각종 나
무의 열매를 맘대로 먹었고, 모든 생물의 이름을 지을
특권도 부여받았습니다. 선악을 알게 하는 나무의 열
매를 먹지 말라는 것이 유일한 금기였습니다. 아담은
가진 모든 것에 감사하지 못하고, 가지지 못한 한 가
지에 불만을 품어 하나님의 심판을 받았습니다. 한문
성경은 이것을 '부지족不知足'이라고 표기합니다. 안남
웅 목사는 불순종이 아니라 감사의 망각이 심판의 원
인이라고 풀이합니다. 없는 것에 화내지 말고 있는 것
을 소중히 여겨야 합니다. 부지족이 아니라 지족의 인
생을 살아야 합니다. 우리에게 주어진 삶이라는 선물
에 감사하면 좋겠습니다.

# 28
## 감사의 한 획

그의 자식들은 일어나 감사하며 그의 남편은 칭찬하기를 31장 28절

영어로 설정된 상태에서 컴퓨터 자판에 한글로 행복의 '행'을 치면 모니터에 'god'가 뜹니다. 손욱 전 농심 회장은 이 우연에 필연이 작용했다며 이렇게 풀이합니다. "하나님은 인간의 행복을 원한다." 한자 매울신辛에 획을 하나 그은 것이 행幸입니다. '일찍 죽다'는 의미의 '요夭'와 '거역하다'는 의미의 '역屰'을 합성한 글자이기도 합니다. 지금 힘들고 어려운 일이 있습니까? 감사라는 획을 하나 그어보세요. 마침 한문 성경에는 "자식들은 일어나 (어머니에게) 감사하며"의 감사가 행복의 '복福'으로 표기되었더군요. 감사의 한 획을 그어 고난을 행복으로 바꾸고 장수도 누리시기 바랍니다.

thanks

# 바람개비

어리석은 자의 퇴보는 자기를 죽이며 미련한 자의 안일은 자기를
멸망시키느니라 1장 32절

"바람이 불지 않을 때 바람개비 돌리는 방법은 무엇
입니까?" 제자가 묻자 랍비가 답했습니다. "앞으로
힘차게 달려 나가는 것이다." 희망을 잃고 주저앉으
려는 사람들에게 시인 정호승은 "산이 내게 오지 않
으면 내가 산으로 가면 된다"라고 충고했지요. 산티
아고 순례 길을 걸었던 언론인 정진홍은 "마지막 한
걸음은 혼자서 가야 한다"라고 일갈했고요. 한문 성
경은 퇴보와 안일이 자기의 육체와 생명을 죽일 것이
라면서 '필必'이라는 단어를 두 번이나 썼습니다必殺己
身,必害己命. 지금 힘든 일이 있나요? 반드시 일어나 힘
차게 앞으로 달려 나가세요. 희망의 바람개비도 반드
시 돌아갈 테니까요.

# 한 권의 책

지식을 불러 구하며 명철을 얻으려고 소리를 높이며 2장 3절

행복의 문턱은 낮을수록 좋지만 지식의 산맥은 높을수록 좋습니다. 봉우리가 높으면 그만큼 조망권도 넓어집니다. 500미터 높이에선 7읍이 보이지만 1,000미터 높이에선 3도가 보입니다. 히말라야 산맥이라는 밑받침이 있기에 에베레스트라는 세계 최고봉이 존재합니다. 지식의 등고선을 높여야 지혜와 명철의 나이테도 넓어집니다. "운명의 여신이 당신에게 나쁜 카드를 주었는가? 그렇다면 지혜를 발휘하여 이겨라!" 영국 시인 프랜시스 퀼스의 충고입니다. 오늘도 입에서 가시가 돋기 전에 한 권의 책을 읽어야 합니다. 행복의 문턱은 감사로 낮추고 지식의 산맥은 독서로 높이세요.

# 두려움과 고마움

네가 누울 때에 두려워하지 아니하겠고 네가 누운즉 네 잠이 달리로다 3장 24절

남미의 과테말라 고산 지대 인디언들이 후손에게 들려주는 전래 동화를 소개합니다. 한 마을에 걱정이 너무 많아 잠을 이루지 못하는 아이가 있었습니다. 지혜로운 할머니가 인형을 하나 만들어주며 말했지요. "이 인형이 네 걱정을 대신해줄 테니 편히 자렴." 그런 다음 아이의 등을 토닥토닥 두드려주었습니다. 그러자 아이는 인형을 끌어안고 단잠을 자기 시작했습니다. 그 이야기를 전해 듣고 신선한 충격을 받은 한국인이 귀국해 걱정 인형을 만들어 보급하는 회사를 세우고, 'Don't worry be happy' 캠페인을 벌인답니다. 잠자리에 들기 전에 두려움을 고마움으로 바꿔주는 감사 일기를 써보세요.

## 32
# 나부터, 지금부터

그것은 얻는 자에게 생명이 되며 그의 온 육체의 건강이 됨이니라
**4장 22절**

지혜와 명철을 얻기에 힘쓰면 마음에는 생명, 육체에는 건강이 생겨납니다. 캐나다 맥마스터대 연구 팀이 남자 열다섯 명을 대상으로 운동 기구의 무게와 근육 확장의 상호 관계를 실험했습니다. 실험 결과 가벼운 운동 기구를 자주 이용했을 때 무거운 운동 기구를 가끔 이용했을 때보다 더 효과적으로 근육을 키웠다고 합니다. 감사 습관도 이와 같습니다. 나부터, 지금부터, 작은 것부터 실천하는 것이 중요합니다. 한문 성경은 건강을 '양약', 즉 좋은 약으로 표기하더군요. 감사라는 명약 드시고 힘차게 하루를 시작하세요.

## 33
# 쑥과 칼

대저 음녀의 입술은 꿀을 떨어뜨리며 그의 입은 기름보다 미끄러우나 나중은 쑥같이 쓰고 두 날 가진 칼같이 날카로우며 5장 3~4절

유혹과 욕망이 빚어낸 결말은 허무와 파국입니다. 처음은 꿀과 기름처럼 달고 부드럽지만 나중은 쑥과 칼처럼 쓰고 위험합니다. 하지만 우리는 바람에 흔들리는 갈대처럼 세상의 온갖 유혹 앞에 약하기만 합니다. 그리스 신화에 나오는 여신 사이렌은 거부할 수 없는 치명적 유혹으로 선원들을 암초로 이끌어 좌초시킵니다. 오르페우스만이 이 유혹을 이겨냈는데, 죽음의 신 하데스도 감복한 아름다운 수금 연주로 사이렌의 노래를 멈추게 한 것이지요. "아침에 도를 얻으면 저녁에 죽어도 좋다." 공자가 '권력을 가진 여인' 남자南子의 유혹을 받고 했던 말입니다. 유혹의 사이렌이 울리면 감사 수금을 연주해보세요.

## 34
# 더 소중한 일

그것이 네가 다닐 때에 너를 인도하며 네가 잘 때에 너를 보호하며
네가 깰 때에 너와 더불어 말하리니 6장 22절

부모님은 우리를 무조건 사랑해주시고, 지켜주시고,
믿어주셨습니다. 하지만 우리는 그 헌신적 사랑에 감
사한 줄 모른 채 3등 취급을 하며 살아가지요. 우리에
게 1등은 하고 싶은 일, 2등은 해야 하는 일이었습니
다. 그것을 모두 끝내고 여유가 생겨야 소중한 일을
했지요. 우리는 영적 부모님인 하나님과 소통하는 일
에도 인색했습니다. 『폰더 씨의 위대한 하루』에서 링
컨은 말합니다. "하나님이 내 편이냐고? 솔직히 나는
그런 질문에는 별로 관심이 없어. 그보다는 과연 내가
하나님 편에 서서 사는지 자문하지." 소중한 것에 감
사하는 일을 1등으로 여기며 살아가기를 소망합니다.

## 35
# 듣기의 수준

이제 아들들아 내 말을 듣고 내 입의 말에 주의하라 7장 24절

"경청은 두 개의 귀로 다른 사람을 설득하는 아주 효과적인 소통 방법이다." 『절대감사』 저자 김병태 목사의 말입니다. 듣는 것에도 수준 차이가 있습니다. '단순히 듣는 것'은 'hearing'이고, '주의를 기울여 듣는 것'은 'listening'입니다. 『대학』에 나오는 시이불견 청이불문視而不見 聽而不聞은 '보아도 보는 것이 아니고, 들어도 듣는 것이 아니다'라는 뜻입니다. 따라서 시청視聽은 '흘려서 보고 듣는 것', 견문見聞은 '제대로 보고 듣는 것'이 됩니다. 한문 성경은 듣기listen를 '청종聽從', 주의attention를 '심청心聽'으로 표기하더군요. 마음을 다해 들어서 견문을 넓히시기 바랍니다.

## 36
# 인생은 선택

너희가 은을 받지 말고 나의 훈계를 받으며 정금보다 지식을 얻으라
8장 10절

한 방송사 해직 기자가 복직을 바라는 심경을 이렇게 밝혔네요. "기다려 봄. 기다려, 봄!" 앞의 네 글자는 수동적이고 뒤의 네 글자는 역동적입니다. 쉼표와 느낌표가 일으킨 혁명입니다. 교정 교열의 묘미를 느낄 수 있는 표현은 영어에도 있습니다. 'Impossible(불가능)'에 쉼표 하나 찍고 떼어 쓰면 'I'm possible(가능)'로 바뀝니다. 글자 순서를 뒤집으면 '자살'이 '살자'가 되고 'no'가 'on'이 되지요. 영어 성경은 '(훈계를) 받다'와 '(지식을) 얻다'를 모두 'choose(선택)'로 표기합니다. 교정 교열도, 인생도 결국은 선택입니다. 겨울에도 봄을 호출한 기자처럼 우리도 절망과 불평이 아니라 희망과 감사를 선택해야 합니다.

# 희망이라는 습관

어리석음을 버리고 생명을 얻으라 명철의 길을 행하라 **9장 6절**

광야 생활을 원망하던 유대 백성이 심판을 받아 불 뱀
에 물리자 모세는 장대 위에 놋 뱀을 매달아 치켜들었
습니다. "물린 자마다 이것을 보면 살리라." 고개를
들어 놋 뱀을 쳐다본 사람은 살았지만 끝내 썩어가는
상처만 쳐다본 사람은 죽었습니다. 안남웅 목사는
"자신의 처지와 환경을 원망하고 탄식만 하는 자에게
는 내일이 없다"라면서 "고개를 들어 목적을 바라보
고 그것을 간절히 구하는 자에게 희망이 있다"라고
역설합니다. 길은 곧 방식과 습관입니다. 원망과 탄
식이 아니라 감사와 희망을 선택하세요. 한문 성경은
'명철의 길'을 '광명의 길光明的道'로 표기하더군요. 감
사와 희망으로 광명을 찾으시기 바랍니다.

# 38
# 진실 백지

거짓 입술은 여호와께 미움을 받아도 진실하게 행하는 자는 그의 기뻐하심을 받느니라 12장 22절

무감독 시험으로 유명한 한동대 졸업생의 체험담입니다. 입사 직후 부서 배치 시험이 있던 날, 이 졸업생은 문제가 너무 어려워 절망에 빠졌지요. 바로 그때 감독관이 자리를 비웠고, 시험장이 어수선해지며 쪽지가 나돌기 시작했습니다. 마침내 그의 손에도 쪽지가 전달되었지만 그는 그냥 백지를 내고 나왔지요. 무감독 시험을 통해 배운 정직과 성실의 원칙을 지켜야 했거든요. 그런데 그는 신입 사원들이 가장 선망하던 부서에 배치되었습니다. 나중에 담당 과장의 설명을 듣고서야 비밀이 풀렸지요. "처음부터 그 문제에는 정답이 없었다네." 거짓 정답 대신 진실 백지를 제출하는 인생을 살기 바랍니다.

# 매일이 생일

스스로 부한 체하여도 아무것도 없는 자가 있고 스스로 가난한 체하
여도 재물이 많은 자가 있느니라 13장 7절

가난을 풍요로 바꾸는 비법을 아는 사람이 있었습니
다. "오늘이 내 생일이야." 시인 변영로가 툭하면 제
자들에게 던졌던 말입니다. 그는 이렇게 말하고는 생
일 술을 거나하게 얻어먹곤 했습니다. "어떻게 선생
님의 생일은 매일입니까?" 제자들이 불평 섞인 목소
리로 물을 때마다 그는 천연덕스럽게 대답했습니다.
"이 힘겨운 세상에서 무사히 숨을 쉴 수 있는 날이면
모두 살아 있는 생일이지 그럼 죽은 날인가?" 가난을
풍요로 바꾸는 비법은 범사에 감사하며 사는 것입니
다. 풍부한 소유가 아니라 풍요한 존재를 인생의 목표
로 삼는다면 나의 매일은 생일이겠지요?

# 건강한 분노

공의는 나라를 영화롭게 하고 죄는 백성을 욕되게 하느니라
**14장 34절**

월급 500만 원, 예금 잔고 1억 원. 한국에서 이른바 중산층이 되려면 갖춰야 하는 기준입니다. 선진국에선 중산층의 기준이 다릅니다. 영국은 '페어플레이', 미국은 '비평지 구독', 프랑스는 '악기 다루기'가 필수입니다. 세 나라가 모두 중시하는 것이 있습니다. 사회적 불의, 불법, 부정에 대한 저항입니다. "젊은이들에게는 분노할 의무가 있다." 나치스에 맞선 레지스탕스로 외교관을 지냈던 96세의 스테판 에셀이 프랑스 청년들을 향해 던진 말입니다. 건강한 분노는 세상에 대한 관심, 애정, 감사에서 나옵니다. 감사의 낙타를 타고 무관심의 사막을 건너는 하루 보내시기 바랍니다.

# 41
# 많을수록 좋다

의논이 없으면 경영이 무너지고 지략이 많으면 경영이 성립하느니라
15장 22절

경북 청도에 가려면 '팔조령八助嶺'이라는 고개를 넘어
야 합니다. 예로부터 산세가 험하고 산적이 많아 여덟
명이 무리를 지어야 넘어갈 수 있다고 해서 붙여진 명
칭입니다. 한문 성경은 먼저 상의하지 않으면 어떤 계
략도 무효가 될 것이라고 경고했습니다不先商議 所謀無效.
로마서 8장 28절에 나오는 "모든 것이 합력하여 선을
이룬다all things work together for good"라는 구절과 통하는
표현입니다. 의논과 지략은 많을수록 좋습니다. 영국
의 아서 왕을 전설적 영웅으로 만든 것도 원탁의 기사
였지요. '합력合力의 엑스칼리버'를 구해 팔조령의 역
경을 넘으시기 바랍니다.

## 42
# 효

백발은 영화의 면류관이라 공의로운 길에서 얻으리라 16장 31절

묘목을 심는 노인에게 행인이 물었습니다. "그 나무의 열매는 언제 열릴까요?" 노인이 "70년 후에나 열릴 것이네"라고 답하자 행인이 비웃었습니다. 노인이 진지한 표정으로 말했습니다. "내가 태어났을 때 과수원에는 열매가 풍성했어. 내가 태어나기 전에 할아버지가 씨앗을 뿌렸기 때문이지. 내 경우도 그렇다네." 노아의 세 아들 셈, 함, 야벳이 부친을 대한 태도가 후손의 운명을 저주와 축복으로 갈라놓았지요. 누군가는 효孝, HYO를 'Harmony of Young and Old'라고 해석하더군요. 먼저 사신 분들의 경륜과 지혜를 겸허한 자세로 배워 성숙의 면류관을 쓰시기 바랍니다.

# 생각의 증류

말을 아끼는 자는 지식이 있고 성품이 냉철한 자는 명철하니라
17장 27절

"시간이 없어 편지가 길어졌습니다." 불문학자 김화
영의 산문집 『바람을 담는 집』에 나오는 말입니다.
사색이 길면 말은 짧을 수밖에 없다는 역설적 표현이
지요. 세계적 컨설팅 회사 맥킨지에는 '20초 룰'이 있
다고 합니다. 바쁜 경영자를 엘리베이터가 내려가는
20초 안에 설득하려면 자신의 생각을 한 문장으로 압
축할 줄 알아야 한다는 거지요. 광고인 박웅현은 "명
료하게 정제된 생각이 상대를 배려한 언어를 통해 전
달될 때 힘이 있다"라면서 이 과정을 '생각의 증류'라
고 표현하더군요. 절제하는 어법과 차분한 성품을 소
망해봅니다.

## 44
# 긍정의 분모

사람의 심령은 그의 병을 능히 이기려니와 심령이 상하면 그것을
누가 일으키겠느냐 18장 14절

술어 '이기다'를 영어 성경은 'sustain', 한문 성경은
'인내忍耐'로 표기합니다. 지금 도전, 난관, 시험의 무
거운 짐이 어깨를 짓누릅니까? 그것의 무게를 줄이는
가장 좋은 방법은 감사와 긍정의 마음을 키우는 것입
니다. 감사와 긍정의 분모를 키우면 도전, 난관, 시험
이라는 분자의 무게는 10분의 1에서 100분의 1로, 다
시 1,000분의 1로 줄어들 겁니다. "도전과 응전, 난관
과 성취, 시험과 그것을 이길 힘의 상호 작용 안에서
만 인간은 더 높이 발전했다." 역사가 아널드 토인비
의 말입니다. 감사와 긍정으로 인내하고 발전하는 하
루 보내시기 바랍니다.

# 용서

노하기를 더디 하는 것이 사람의 슬기요 허물을 용서하는 것이 자기의 영광이니라 19장 11절

용서한다고 과거가 바뀌지는 않지만 미래는 바꿀 수 있다는 격언을 들어보셨나요? 『마음 알기 다루기 나누기』 저자인 용타 스님은 화가 치밀 때마다 자신을 진정해주는 3단계 비법을 발견했다고 합니다. '구나', '겠지', '감사'가 그것인데, 부연하면 이렇습니다. 1단계는 '그가 내게 이러는구나' 하면서 있는 그대로 바라보는 것입니다. 2단계는 '무슨 이유가 있겠지' 하며 양해하는 것입니다. 3단계는 '~하지 않는 게 감사하지' 하면서 마무리하는 것입니다. 영국의 대문호 닥터 존슨은 이렇게 말했지요. "하나님도 한 사람을 심판하려면 그의 사후까지 기다려주신다."

## 46
## 만족이란

어떤 자는 종일토록 탐하기만 하나 의인은 아끼지 아니하고 베푸느니라 21장 26절

"만족滿足이란/두 발이 흙에 가득 잠길 때/차오르는 게 아니더냐." 박노해의 시 「만족」의 한 대목입니다. 그의 시를 빌려 '기도문'을 만들어봤습니다. "배를 채우고도 내 마음은 허기집니다. 지식을 채우고도 내 지혜는 흐릿합니다. 성전에 앉아서도 내 마음은 전장입니다. 회의가 구름처럼 몰려오고 불안이 안개처럼 피어나고 삶이 총체적 불만족에 빠졌을 때, 가난한 마음을 구하게 하옵소서." 만족이란 "대지를 밟고 너에게로 걸어가는/내 마음의 발자국에/피어나는 꽃"이라고 노래한 시인처럼, 탐욕보다 나눔으로 세상과 소통해야 합니다.

## 47
# 내일이 있는 사람

네가 자기의 일에 능숙한 사람을 보았느냐 이러한 사람은 왕 앞에
설 것이요 천한 자 앞에 서지 아니하리라 **22장 29절**

이탈리아의 한 귀족과 청년이 이런 문답을 나눴습니다. "어디에 쓸 상자를 만들고 있나?" "흙을 담아 꽃씨를 뿌릴 겁니다." "그렇다면 안쪽은 어차피 안 보일테니 대충 다듬어도 될 걸세. 그렇게 정성을 들여도 알아줄 사람은 없어." "나사렛에서 목수로 일하신 예수님이라면 능숙히 할 수 있는 일을 적당히 하셨을까요?" 이 청년의 이름은 미켈란젤로였습니다. "목수는 서랍장 뒷면이 안 보인다고 싸구려 합판을 쓰지 않습니다." 스티브 잡스가 매킨토시를 출시하며 했던 말입니다. 완벽을 향한 열정으로 '내 일'에 최선을 다하는 사람에게 '내일'이 있습니다.

## 48
# 감사 텃밭

재앙이 뉘게 있느뇨 근심이 뉘게 있느뇨 분쟁이 뉘게 있느뇨 원망이 뉘게 있느뇨 까닭 없는 상처가 뉘게 있느뇨 붉은 눈이 뉘게 있느뇨 23장 29절

노르웨이에는 이런 전설이 있다고 합니다. 사탄이 지상에 내려와 큰 창고를 짓고 불평, 근심, 원망의 씨앗을 가득 채웠습니다. 사탄의 씨앗은 어떤 마음의 대지에 떨어져도 곧바로 발아되었지요. 세상은 핏발 선 눈을 지닌 사람들로 가득 찼고 분쟁과 재앙이 그칠 줄 몰랐습니다. 하지만 사탄의 씨앗도 절대 자라지 못하는 마음의 공간이 있었는데, 바로 감사 텃밭이었지요. 불평, 불안, 불행의 횡포에 굴종하지 마세요. 감사 혁명을 일으켜 행복 도시의 당당한 시민이 되시기 바랍니다.

# 고래 꿈

**네가 환난 날에 낙담하면 네 힘이 미약함을 보임이니라 24장 10절**

창의력은 지능 지수처럼 객관적으로 측정하는 도구
가 없다고 합니다. 현재까지 가장 많은 사람이 인정하
는 창의력 측정 방법은 간단합니다. 우선 참가자에게
이렇게 질문합니다. "당신은 창의적인 사람입니까?"
만약 "그렇다"라고 답하면 창의적인 사람, 주저하면
창의적이지 않은 사람으로 분류합니다. 창의력은 깡,
배짱, 자신감 등 적극적 마음에서 나온다는 말입니다.
그러니 낙담하는 습관은 버리세요. '새우와 고래가
싸우면 새우가 이긴다'는 유머가 있습니다. 새우가
'깡'으로 덤비면 고래는 '밥'이 되니까요! 새우잠을
자더라도 고래 꿈을 꾸면서 살아야겠습니다.

## 50
# 평생 공부

자기의 마음을 제어하지 아니하는 자는 성읍이 무너지고 성벽이
없는 것과 같으니라 25장 28절

마음을 제어하지 못한다면 성벽이 무너진 도시에서
사는 것과 같습니다. "자기의 마음을 다스리는 자는
성을 빼앗는 자보다 나으니라(16장 32절)"라는 잠언도
있지요. 여기서 정작 주목해야 할 것은 '제어'입니다.
걱정, 불안, 분노, 공포 등의 부정적 마음은 '제거'가
아닌 '제어'의 대상이기 때문이지요. 자기 통제의 성
벽은 튼튼히 쌓되 타인과 소통하는 성문은 활짝 열어
둘 때 마음의 평화와 풍요를 동시에 얻지 않을까요?
마음공부는 역시 평생 공부입니다.

고난 받는 자는 그날이 다 험악하나
마음이 즐거운 자는 항상 잔치하느니라.
All the days of the oppressed are wretched,
but the cheerful heart has a continual feast.

**15장 15절**

Power of Proverbs

두 번째 잠언 力

현명한 나를 위한
지혜의 힘

wisdom

## 51
## 송백 인생

온유한 입술에 악한 마음은 낮은 은을 입힌 토기이니라 26장 23절

*

'낮은 은'은 순은을 추출하고 남은 찌꺼기인데, 그것을 칠한 그릇은 쉽게 변색하지요. 추사 김정희가 유배를 떠나자 그를 따르던 많은 이가 외면했습니다. 하지만 역관 이상적은 스승에 대한 절개를 지켰습니다. 북경에서 어렵게 구한 서책을 유배지로 보내기도 했지요. 추사가 감사하는 마음으로 그린 것이 국보 180호 〈세한도歲寒圖〉입니다. 『논어』에 나오는 '세한연후지 송백지후조야歲寒然後知松栢之後凋也(겨울이 되어서야 송백이 늦게 시듦을 안다)'에서 따온 것이지요. 얄팍한 '변색 인생'이 아니라 진득한 '송백 인생'을 살아야겠습니다.

# 즐기편, 감사탕

내 아들아 지혜를 얻고 내 마음을 기쁘게 하라 그리하면 나를 비방하는 자에게 내가 대답할 수 있으리라 27장 11절

전대길 동양EMS 사장은 이메일을 전송할 때마다 떡을 보내줍니다. 이 떡의 이름은 송편과 절편을 닮은 '즐기편'인데, '즐겁고 기쁘고 편안히 살자'는 의미입니다. 감사마을연구소장인 이기재 목사는 문자 메시지를 발송할 때마다 탕을 보내줍니다. 이 탕의 이름은 설렁탕과 감자탕을 닮은 '감사탕'인데, '일상 속에서 감사를 맛보며 살자'는 의미이지요. '기쁨joy'을 한문 성경은 '환희歡喜'로 표기합니다. 매일 아침 '즐기편'과 '감사탕' 드시고 환희에 찬 인생을 살아보세요. '일상'이 기쁨과 감사로 넘치면 '일생'도 기쁨과 감사로 넘치겠지요?

# 리더의 조건

의인이 득의하면 큰 영화가 있고 악인이 일어나면 사람이 숨느니라
28장 12절

철새 무리가 수천 킬로미터를 이동할 때 맨 앞에서 나
는 새가 있습니다. 그 새는 온갖 위험이 도사린 낯선
곳에 도착하면 가장 먼저 하강합니다. 장시간 비행으
로 굶주린 무리가 머리를 처박고 먹이를 먹을 때도 꼿
꼿이 고개를 들고 경계를 섭니다. 바로 리더 새입니
다. 역사를 보면 성군도 있었고, 폭군도 있었지요. 둘
의 차이는 무엇일까요? 인재를 모이게 한 세종은 성
군, 인재를 숨게 한 연산군은 폭군으로 평가받았습니
다. 선공후사先公後私의 리더, 세종 같은 위정자가 더욱
많아지기를 소망합니다.

# 내게 맞는 옷

다윗의 아들 이스라엘 왕 솔로몬의 잠언이라 1장 1절

다윗이 블레셋의 용사 골리앗과 싸우겠다고 나서자 사울은 용기를 북돋워주려고 자신의 투구와 갑옷을 벗어주었습니다. 다윗이 입어보더니 이렇게 말했지요. "익숙하지 못하니 입고 가지 않겠습니다." 그리고 평소 지니고 다니던 막대기, 물매(투석기), 매끄러운 돌 다섯 개만 가지고 나가서 골리앗을 쓰러뜨렸습니다. 남의 옷이 아무리 멋지고 좋아도 내 몸에 맞지 않으면 무거운 짐일 뿐입니다. 다윗의 용기와 솔로몬의 지혜를 배우되 내 몸에 맞게 배워야 합니다. 나에 대한 감사로 새로운 출발을 다짐해보는 것은 어떨까요?

# 바위처럼

대저 정직한 자는 땅에 거하며 완전한 자는 땅에 남아 있으리라
**2장 21절**

바로 뒤에 이런 구절이 있네요. "그러나 악인은 땅에서 끊어지겠고 간사한 자는 땅에서 뽑히리라." 청년 링컨이 상점 직원으로 일할 때의 일입니다. 하루는 장사를 끝내고 정산해보니 3센트가 남았지요. 곰곰이 생각해보니 8달러 3센트를 지불한 부인의 것이었습니다. 링컨은 곧 상점 문을 닫고 부인을 찾아가 사과하고 3센트를 돌려줬지요. "낙엽이 지거든 물어보십시오. 사랑은 왜 낮은 곳에 있는지를." 광화문 교보문고 글자판에 걸렸던 문구입니다. 낮은 곳에 있어도 불평하지 않는, 정직한 바위처럼 살면 좋겠습니다.

## 56
# 기적의 증거

너는 마음을 다하여 여호와를 신뢰하라 네 명철을 의지하지 말라
너는 범사에 그를 인정하라 그리하면 네 길을 지도하시리라
3장 5~6절

팔다리 없이 태어난 세계적 동기 부여 강사 닉 부이치
치는 몇 년 전 방한했을 때 자신에게 용기를 준 성경
구절을 소개했습니다. 그중에는 위의 구절도 있었지
요. 그는 "단 한 사람이라도 나를 보고 용기를 얻으라
고 하나님은 나를 이렇게 만드셨다" 면서 "기적을 달
라고 하지 말고 우리가 먼저 기적의 증거가 되자"라
고 역설했지요. 기적의 증거가 되는 비결은 무엇일까
요? 부이치치는 이렇게 말하더군요. "오늘이 행복하
지 않으면 내일도 행복하지 않아요." 오늘이라는 선
물을 고맙게 받으세요. 그러면 내일도 행복해질 테니
까요.

*wisdom*

# 인생은 아름답다

그가 아름다운 관을 네 머리에 두겠고 영화로운 면류관을 네게 주리라 4장 9절

"인생은 아름답다." 비운의 혁명가 트로츠키의 말입니다. 러시아 혁명 당시 트로츠키는 가장 뛰어난 전략가이자 연설가였지요. 하지만 레닌 사후 당의 노선을 두고 스탈린과 대립하다 실각했습니다. 인생 말년에는 암살 위협에 시달리며 국외를 전전하는 도망자가 되었지요. 하지만 임종을 앞두고 그가 선택한 최후의 언어는 '그래도 인생은 아름다워'였습니다. 로베르토 베니니 감독의 영화 〈인생은 아름다워〉는 트로츠키의 유언에서 따온 것이라고 합니다. 영화에서 조슈아가 탱크를 선물로 받은 것처럼, 감사 인생으로 행복을 받으시기 바랍니다.

# 사랑의 편지

네 샘으로 복되게 하라 네가 젊어서 취한 아내를 즐거워하라
5장 18절

불문학자 김화영 교수는 1960년대 군 복무 시절에 문맹 사병에게 한글을 가르친 적이 있습니다. 사병들은 고향의 아내에게서 편지가 오면 그에게 읽어달라고 부탁했지요. 하루는 편지를 꺼냈더니, 백지 위에 손바닥을 펴서 짚은 채 다섯 손가락의 윤곽을 따라 연필로 서투르게 줄을 그은 그림이 나왔습니다. 밑에는 삐뚤삐뚤 적혀 있었지요. "저의 손이어요. 만져주어요." 김 교수는 세상에서 가장 감동적인 편지를 봤다고 하더군요. 육체적 '갈증'은 샘으로 해소하고, 정신적 '갈등'은 사랑으로 해소하세요.

## 59
# 좋은 습관

내 아들아 네 아비의 명령을 지키며 네 어미의 법을 떠나지 말고
6장 20절

내 아들아 네 아비의 명령을 지키며 네 어미의 법을 떠나지 말고

"좋은 학점을 받으려면 어떻게 해야 할까요?" 대학생 아들이 첫날 등교하며 묻기에 "맨 앞자리에 앉아봐라"라고 답해주었습니다. 찰스 두히그는 『습관의 힘』에서 "매일 아침 이부자리를 정돈하면 다른 좋은 습관이 저절로 따라온다"라고 했지요. 가장 좋은 습관은 감사 일기를 쓰는 겁니다. "감사 일기를 3주 쓰면 내가 먼저 긍정적으로 변화하고, 3개월 쓰면 타인이 압니다." 어머니 영전에 1,000개의 감사를 헌정한 박점식 천지세무법인 회장의 고백입니다. 좋은 습관으로 좋은 인생 설계하세요.

# 가시 속에서도

저물 때, 황혼 때, 깊은 밤 흑암 중에라 **7장 9절**

솔로몬은 '성경holy bible 속의 성경sexy bible' 아가에서 연서의 정석에 해당하는 온갖 수사를 동원해 술람미 여자를 찬미합니다. 검은 피부의 술람미 여자가 솔로몬의 사랑을 받은 이유는 가시나무 속에서 피어난 백합화처럼 고난을 이겨냈기 때문입니다. 백합화는 평소에 은은한 향기를 풍기지만 바람이 불면 가시에 찔리며 7~8배나 강한 향기를 뿜어냅니다. 장미를 보고 왜 가시가 있느냐고 불평하지 않고 가시 속에서도 장미가 피어난 것에 감사하는 사람, 깊은 밤중에도 감사의 등불을 밝히는 사람이 되기를 소망합니다.

# 간절히 바라라

누구든지 내게 들으며 날마다 내 문 곁에서 기다리며 문설주 옆에서 기다리는 자는 복이 있나니 **8장 34절**

영어로 읽어보면 의미가 더욱 선명합니다. "blessed is the man who listens to me, watching daily at my doors, waiting at my doorway." 날마다daily 경청하고listen, 주목하고watch, 기다리는wait 자세를 유지한다면 이 세상에 이루지 못할 일은 아무것도 없을 겁니다. 그리고 '오감五感'을 열어야 '오복五福'이 옵니다. 인디언이 기우제를 지내면 반드시 비가 온다고 하지요. 내릴 때까지 기도하기 때문입니다. 목표를 달성하고 싶다면 간절한 마음으로 바라고, 진정성으로 승부해야 합니다.

# 파랑새가 있는 곳

어리석은 자는 이리로 돌이키라 또 지혜 없는 자에게 이르기를
9장 16절

하루 종일 봄을 찾아 헤맸습니다. 산과 내를 넘고 들판을 횡단해 남촌까지 갔지만 끝내 봄은 보이지 않았습니다. 그런데 지친 걸음으로 귀가하니 뒤뜰 매화나무 가지 끝에 봄이 이미 와있었지요. 파랑새를 찾아 숲 속을 헤매는 어리석은 사람이 되지 마세요. 파랑새는 바로 내 안에 살고 있으니까요. 행복은 우리 주변의 사소한 일상 속에 숨어있습니다. 영어 성경은 '이리로 돌이키라'를 'come in here'로 표기합니다. 'nowhere(아무 데도 없다)'를 'now here(바로 여기 있다)'로 바꿔주는 감사의 안경을 쓰고 살아야겠습니다.

# 63
# 느낌표로 답하라

마음이 지혜로운 자는 계명을 받거니와 입이 미련한 자는 멸망하
리라 10장 8절

"이른 봄에 핀/한 송이 꽃은/하나의 물음표다//당신
도 이렇게/피어 있느냐고/묻는." 도종환 시인의 「한
송이 꽃」입니다. 모든 사람이 꽃을 좋아하는 이유가
무엇일까요? 법정 스님은 우리 마음에 꽃다운 요소가
있다면서 "내가 지닌 가장 아름답고 맑은 요소를 얼
마만큼 꽃피우고 있는가"라고 자문해볼 것을 권했지
요. 꽃이 던진 '물음표'의 계명에 '느낌표'의 실행으
로 답해보세요.

# 굳건히 서라

속이는 저울은 여호와께서 미워하시나 공평한 추는 그가 기뻐하시
느니라 11장 1절

750분, 2,000달러, 6,870대. 헨리 포드가 처음 자동차
한 대를 조립할 때 걸린 시간, 대당 가격, 연평균 생산
대수입니다. 그런데 표준화 도입 이후 수치가 이렇게
바뀌었지요. 90분, 850달러, 200만 대. 표준Standard은
'굳건히 서라Stand Hard'라는 말에서 왔는데, 전시에
지휘관이 기마병 앞에서 던졌던 구호라고 합니다. 저
울을 한문 성경은 '천평天平', 영어 성경은 'scale'로
표기합니다. 평가의 기준과 잣대가 공평할 때 그 사회
의 스케일, 즉 지평도 넓어집니다. 그러니 감사 습관
의 중심이 흔들리면 외치세요. "Stand Hard!"

# 칼과 약

칼로 찌름같이 함부로 말하는 자가 있거니와 지혜로운 자의 혀는
양약과 같으니라 12장 18절

"부부는 사랑이 식었을 때가 아니라 존중이 사라진
자리에 경멸이 들어왔을 때 이혼한다." 『이혼의 수
학』을 통해 부부가 이혼하는 원인을 과학적으로 밝혀
낸 존 고트먼 박사의 결론입니다. 경멸은 상대의 급소
를 찌르는 칼이고, 존중은 상대의 아픔을 고치는 약입
니다. 살다 보면 고성이 오가기도 하겠지만 이혼할 생
각이 없다면 경멸의 말만은 피해야 합니다. 영어 성경
은 양약을 'healing'으로 표기합니다. 상처를 주는
말이 아니라 치유하는 말, 불평하고 원망하는 말이 아
니라 감사하는 말을 하면 어떨까요?

# 티끌 모아 태산

망령되이 얻은 재물은 줄어가고 손으로 모은 것은 늘어가느니라
**13장 11절**

58퍼센트(2010), 83퍼센트(2011), 89퍼센트(2012). 감사 경영의 원조로 평가받는 포스코 ICT의 성과 몰입도(행복 지수) 변화 추이입니다. 2010년 4월부터 행복 나눔125를 도입한 것이 변곡점이었지요. 허남석 사장은 자신이 먼저 하루 5가지 감사 쓰기를 실천해오다 본사로 발탁된 뒤에는 하루 50가지 감사 쓰기에 돌입했다고 합니다. 영어 성경은 '망령되이 얻은 재물'을 'dishonest money', '손으로 모은 재물'을 'money little by little'로 표기합니다. 감사와 경영도 티끌 모아 태산이 정답입니다.

# 폭풍 속으로

마음의 고통은 자기가 알고 마음의 즐거움은 타인이 참여하지 못
하느니라 14장 10절

다음은 『열하일기』의 한 장면입니다. "물을 땅이라
생각하고, 물을 옷이라 생각하고, 물을 내 몸이라 생
각하고, 물을 내 마음이라 생각하리라." 한번 떨어지
면 물에 빠져 죽을 수도 있는 거친 강. 말을 타고 건너
가던 박지원이 선택한 것은 마음 경영이었습니다.
"그러자 마침내 내 귀에는 강물 소리가 들리지 않았
다." 바다에서 폭풍을 만나면 어떻게 해야 할까요? 폭
풍 속으로 들어가는 것이 가장 안전하다고 합니다. 내
마음속의 폭풍을 대신해서 잠재워줄 사람은 아무도
없습니다. '태풍의 눈' 감사로 마음의 고통을 이겨내
야 합니다.

# 축제 인생

고난 받는 자는 그날이 다 험악하나 마음이 즐거운 자는 항상 잔치
하느니라 15장 15절

여기서 고난은 걱정, 슬픔에 따른 정신적 스트레스를
뜻합니다. 『365 Thank You』 저자 존 크랠릭은 결혼,
자녀, 사업 등 일상을 영위하는 과정에서 꼭 필요한
조건과 관련해 막다른 상황에 몰렸습니다. 그때 어린
시절 할아버지에게 들었던 말씀이 떠올랐지요. "네가
가진 것들에 감사하는 법을 배울 때까지 네가 원하는
것을 얻지 못할 것이다." 인생의 벼랑 끝에서 하루 한
사람에게 고마운 마음을 전하는 감사 편지 프로젝트
는 그렇게 시작되었지요. 좌 감사 일기와 우 감사 편
지로 '숙제 인생'을 '축제 인생'으로 바꾸세요.

# 천사처럼

사람의 행위가 여호와를 기쁘시게 하면 그 사람의 원수라도 그와
더불어 화목하게 하시느니라 16장 7절

---

"세상에서 가장 어려운 일이 뭔지 아니?" "돈 버는
일?" "세상에서 가장 어려운 일은 사람이 사람의 마
음을 얻는 일이란다." 생텍쥐페리의 『어린 왕자』에
나오는 대화입니다. 사람의 마음은 어떻게 얻을까요?
아들을 죽인 원수를 양자로 삼았던 손양원 목사가 한
센인을 돌보며 매일 새벽 했다는 기도가 해답의 열쇠
입니다. "환자의 얼굴이 무섭게 보이니 천사처럼 보
이게 하소서!" 두 주먹 쥐고 원수와 싸우기보다 두 손
모아 기도를 드리는 길을 선택해 인심에 천심까지 얻
은 손 목사에게 도전받는 아침입니다.

# 신의 선물

도가니는 은을, 풀무는 금을 연단하거니와 여호와는 마음을 연단하시느니라 17장 3절

『평생감사』 저자 전광 목사에 따르면 감사에도 단계가 있습니다. 1차원 감사는 '만약if 감사' 입니다. 2차원 감사는 '때문에because 감사' 입니다. 3차원 감사는 '그렇지만in spite of 감사' 입니다. 대다수는 1차원 감사와 2차원 감사에 머무릅니다. "범사에 감사하라 이는 그리스도 예수 안에서 너희를 향하신 하나님의 뜻이니라(데살로니가전서 5장 18절)." 그렇습니다. 신은 우리가 3차원 감사를 실천하며 살기를 바랍니다. 신이 선물한 탁월한 연금술, 감사로 마음을 연단하는 하루 보내세요.

# 설레는가

많은 친구를 얻는 자는 해를 당하게 되거니와 어떤 친구는 형제보다 친밀하니라 18장 24절

2013년 개봉한 영화 〈파파로티〉는 천부적 성악 실력을 지녔지만 조폭이 된 학생 장호(이제훈)와 잘나가던 성악가였지만 좌절을 겪고 나서 만사를 삐딱하게 대하는 시골 학교 음악 교사 상진(한석규)의 운명적 만남을 그렸습니다. 갈등과 화해의 굴곡을 넘으며 서로를 치유해주는 두 남자는 자신이 잘하는 것을 할 때 가슴이 설레고, 하고 싶은 것을 위해선 목숨마저 내던질 열정이 있어야 하고, 행복한 성공을 위해선 기댈 언덕이 되어 줄 멘토가 필요하다는 사실을 잘 보여줍니다. 지금 하는 일이 내 가슴을 설레게 하는지 돌아보세요.

# 고수의 비법

게으른 자는 자기의 손을 그릇에 넣고서도 입으로 올리기를 괴로
워하느니라 19장 24절

처칠은 재치 넘치는 즉흥 연설을 잘했는데, 사실 그것
은 엄청난 노력의 산물이었습니다. 어느 만찬회에 참
석한 처칠이 한동안 차에서 내리지 않자 운전기사가
이유를 물었습니다. 처칠은 답했지요. "잠깐 기다리
게. 즉흥 연설을 해달라는데 무슨 말을 할지 아직 정
리하지 않았네." '수고'를 아끼지 않아야 '고수'가 됩
니다. 변화는 게으른 사람에게는 위기이지만 부지런
한 사람에게는 기회입니다. 충만한 행복을 원한다면
크게 감사하세요. "네 입을 크게 열라. 내가 채우리라
(시편 81편 10절)."

## 73
# 서두름은 낭비

부지런한 자의 경영은 풍부함에 이를 것이나 조급한 자는 궁핍함
에 이를 따름이니라 21장 5절

이집트 왕 프톨레마이오스 1세가 물었습니다. "기하
학을 좀더 쉽게 배우는 길은 없나?" 수학자 유클리드
가 단호한 어투로 대답했습니다. "수학에 왕도는 없
습니다." 부지런함과 서두름은 전혀 다른 차원의 행
위입니다. 부지런함이 저축이라면 서두름은 낭비입
니다. 아무리 바빠도 바늘에 실을 묶어 쓸 수는 없습
니다. '빨리빨리'를 '미리미리'로 바꾸면 조급함의
함정에 빠지지 않을 것입니다. 아침에 새가 노래하는
소리를 듣고 싶다면 창밖에 나무를 심으면 됩니다. 진
정한 부지런함으로 삶의 여유와 충만을 누리시기 바
랍니다.

# 희망을 선택하라

패역한 자의 길에는 가시와 올무가 있거니와 영혼을 지키는 자는
이를 멀리하느니라 22장 5절

어려운 상황에 직면했을 때 그것을 어떻게 바라봐야
할까요?『희망의 귀환』에서 차동엽 신부는 세 가지 바
라봄望을 말했는데, 관망觀望, 절망絶望, 희망希望입니다.
절망을 선택하면 어떻게 될까요? 곧바로 내 몸에서
에너지가 빠져나가며 다리가 풀리고 주저앉습니다.
반대로 희망을 선택하면 에너지가 모입니다. 주먹을
불끈 쥐고, 없던 기운까지 모으고, 주변의 도움을 끌
어들인 결과입니다. 한문 성경은 영혼을 '생명'으로
표기합니다. 불만 대신 감사, 절망 대신 희망으로 생
명을 지키는 하루 보내세요.

# 최고의 이벤트

네가 어찌 허무한 것에 주목하겠느냐 23장 5절

"매일 똑같이 굴러가는 하루/지루해 난 하품이나 해/뭐 화끈한 일 신 나는 일 없을까." 자우림의 노래 〈일탈〉은 이렇게 시작됩니다. 지루한 일상에서 벗어나기 위한 화끈한 방법은 무엇이 있을까요? "할 일이 쌓였을 때 훌쩍 여행을/아파트 옥상에서 번지 점프를/신도림역에서 스트립쇼를……." 노래에 나오는 일탈의 버킷 리스트입니다. 하지만 맑은 정신으로 자세히 들여다보면 허무한 일회용 이벤트일 뿐입니다. 감사 일기를 쓰면서 완벽한 고독을 맛보고 절대적 존재와 만나는 것. 매일 해도 질리지 않는, 가장 화끈한 이벤트 아닐까요?

# 겸손하게, 씩씩하게

미련한 자의 생각은 죄요 거만한 자는 사람에게 미움을 받느니라
24장 9절

메멘토 모리memento mori. '죽음을 기억하라' 는 의미
의 라틴 어입니다. 부연하면 '너는 반드시 죽는다는
사실을 기억하라' 입니다. 고대 로마 제국 시대에 전
쟁을 승리로 이끌고 개선한 장군은 노예에게 이 말을
크게 외치게 했습니다. 교만에 빠지면 개선문이 단두
대의 출입구가 된다는 사실을 잘 알았기에 절정의 순
간에 자신을 경계했던 것입니다. 자연에는 주야가 있
고 인생에는 명암이 있습니다. 찬란히 빛날 때는 겸손
하게, 그림자가 길게 드리울 때는 씩씩하게 살면 좋겠
습니다.

# 지금 이 순간

선물한다고 거짓 자랑하는 자는 비 없는 구름과 바람 같으니라
**25장 14절**

비 없는 구름과 바람은 가뭄에 시달려온 농부를 더욱
애타게 합니다. 노래는 부를 때까지 노래가 아니며,
좋은 울릴 때까지 종이 아니고, 사랑은 표현할 때까지
사랑이 아니며, 축복은 감사할 때까지 축복이 아니기
때문입니다. 사랑과 감사를 표현하지 않는 것은 선물
을 예쁘게 포장하고 주지 않는 것과 같습니다. 그렇다
면 사랑과 감사는 언제 표현해야 할까요? 정답은 '바
로 지금 이 순간' 입니다. 과거에도 없고 미래에도 없
는 지금present, 사랑과 감사의 선물present이 소낙비처
럼 내리면 좋겠습니다.

# 공감하지 않으면

이른 아침에 큰 소리로 자기 이웃을 축복하면 도리어 저주같이 여기게 되리라 27장 14절

타인이 공감하지 않으면 축복도 저주가 된다니, 가슴이 뜨끔하네요. 플라톤의 「행복의 5가지 조건」은 그래서 시사적입니다. ①먹고 살 만한 수준에서 조금 부족한 재산 ②모든 사람이 칭찬하기에 약간 부족한 용모 ③자부심은 높지만 사람들이 절반만 알아주는 명예 ④한 사람에게 이기고 두 사람에게 질 정도의 체력 ⑤청중의 절반은 손뼉을 치지 않는 연설 솜씨. 타인과 공감대를 형성하며 자신의 행복을 추구할 때 저주가 아니라 축복이 넘치는 세상을 만들 수 있겠지요? 역지사지易地思之의 하루 보내시기를 소망합니다.

# 고마운 늑대

무지한 치리자는 포학을 크게 행하거니와 탐욕을 미워하는 자는
장수하리라 28장 16절

아프리카 오렌지 강 유역에서 동물을 연구하던 학자
가 이상한 현상을 발견했습니다. 강을 사이에 두고 동
서에 서식하는 영양의 발육에 큰 차이가 났던 겁니다.
동쪽 영양은 서쪽 영양보다 덩치만 큰 것이 아니라 번
식력도 왕성했고, 뛰는 속도도 분당 13미터나 빨랐습
니다. 이유는 단 하나, 늑대 때문이었습니다. 동쪽 영
양들은 '무지한 치리자' 늑대에게 잡아먹히지 않으려
고 어려서부터 더 힘차고 빠르게 달렸기에 장수했지
요. 나를 힘들게 하는 사람이 있습니까? 나의 생존력
을 강하게 키워주기 위해 나타난 고마운 늑대라고 여
기면 어떨까요?

# 고난 덕분에

지혜로운 자와 미련한 자가 다투면 지혜로운 자가 노하든지 웃든
지 그 다툼은 그침이 없느니라 29장 9절

위인들은 '고난과 역경에도' 성공한 것이 아니라 '고
난과 역경 덕분에' 성공했습니다. 위대한 저서도 사
실은 고난과 역경의 산물이었지요. 『신곡』은 단테가
망명한 상태에서 썼고, 『사기』는 사마천이 궁형을 당
한 상태에서 썼고, 『군주론』은 마키아벨리가 공직에
서 쫓겨난 상태에서 썼고, 『돈키호테』는 세르반테스
가 한 팔을 움직이지 못한 채 투옥된 상태에서 쓰기
시작했습니다. 'passion'이라는 단어에는 '수난'과
'열정'의 의미가 동시에 담겼지요. 고난을 당할 때의
분노와 탄식을 웃음과 열정으로 승화할 수 있기를 바
랍니다.

# 행운보다 행복

나는 지혜를 배우지 못하였고 또 거룩하신 자를 아는 지식이 없거
니와 30장 3절

네 잎 클로버는 행운의 상징입니다. 클로버가 자라는 곳에선 사람들이 두 눈을 크게 뜨고 네 잎 클로버를 찾는 모습을 흔히 볼 수 있습니다. 물론 네 잎 클로버를 찾기란 결코 쉽지 않지요. 세 잎 클로버 속에서 네 잎 클로버를 찾는 일은 별 소득 없이 끝날 때가 많습니다. 그런데 아시나요? 세 잎 클로버의 꽃말이 '행복'이라는 사실을! 네 잎 클로버(행운)를 찾으려고 세 잎 클로버(행복)를 짓밟는 우매한 사람. 정신없이 앞만 보고 달려온 현대인의 자화상 아닐까요? 작은 감사, 큰 기쁨의 지혜를 배우면 좋겠습니다.

# 행복한 부모

내 아들아 내가 무엇을 말하랴 내 태에서 난 아들아 내가 무엇을 말하랴 서원대로 얻은 아들아 내가 무엇을 말하랴 **31장 2절**

"어머니께 받은 은혜가 많다는 사실에 놀랐고, '살아 계실 때 더 잘해 드릴걸' 하면서 후회했고, '자식에게 좋은 부모가 되는 것으로 보답하자'고 다짐했지요." ㈜네오디에스의 양창곡 대표가 돌아가신 어머니에게 백 가지 감사를 쓰고 밝혔던 소회입니다. 부모가 행복하면 자식도 행복하고, 부모가 불행하면 자식도 불행하다고 합니다. 행복한 부모가 되고 싶다면 먼저 부모님께 감사 편지를 써보세요. 부모의 행복이 나를 통해 자식에게 유전될 테니까요. 감사로 대를 이은 행복을 맛보세요.

# 확신하는 사람

여호와를 경외하는 것이 지식의 근본이거늘 미련한 자는 지혜와
훈계를 멸시하느니라 1장 7절

안산반석교회 손동걸 장로는 2년 전부터 논밭 곳곳에
'하나님 감사합니다' 팻말을 내걸고 일하러 갈 때마
다 감사 기도를 드립니다. 그러자 가을에 소출 두 배
의 기쁨을 맛본 것은 물론 태풍에 쓰러진 벼가 다시
일어서고, 암에 걸린 동생이 건강을 회복하는 기적도
체험했습니다. 감사의 효과는 확신하는 사람만이 맛
볼 수 있다는 손 장로는 "일상 속에서 '작은 감사'를
잘해야 하나님이 주시는 '큰 감사'도 받을 수 있다"라
고 역설합니다. 감사가 쓰러진 벼만이 아니라 고난에
빠진 우리 인생도 거뜬하게 일으키면 좋겠습니다.

# 자신감이 주는 것

은을 구하는 것같이 그것을 구하며 감추어진 보배를 찾는 것같이
그것을 찾으면 2장 4절

몇 년 전 영국의 오디션 프로그램에 출연한 뚱뚱한 여성 수전 보일을 기억하십니까? 그녀가 48세라는 나이를 밝히자 심사위원은 비웃었고 청중은 수군거렸지요. 하지만 그녀가 노래를 부르기 시작하자 반전이 일어났습니다. 탁월한 노래 실력에 놀란 이들은 감동의 눈물을 흘리며 박수와 함성을 보냈지요. 대다수 사람이 수전의 볼품없는 외모와 많은 나이라는 약점에 집중할 때, 정작 그녀는 자신의 강점인 노래에 집중했습니다. 자신감이라는 '미신美信'만이 조소와 무시라는 '미신迷信'을 이겨냅니다.

# 타인을 돕는 자

네 재물과 네 소산물의 처음 익은 열매로 여호와를 경외하라
3장 9절

한 과일 가게 주인 부부가 매일 첫 손님이 지불한 대금을 한 달 동안 모아서 기부한다는 뉴스를 본 적이 있습니다. 그런데 아시나요? 의학적으로 사람은 자신이나 가족 이외의 타인에게 도움을 줄 때 혈압과 콜레스테롤 수치가 현저히 낮아지는 반면 활력은 넘친다는 사실을. 전문가들은 이것을 '마더 테레사 효과'라고 부릅니다. '하늘은 스스로 돕는 자를 돕는다'는 말은 이제 '하늘은 타인을 돕는 자를 돕는다'는 말로 바꾸어야 할지도 모르겠습니다. 각자 처지에 맞게 '첫 열매 프로젝트'를 시작해보는 것은 어떨까요?

# 농부의 마음

모든 지킬 만한 것 중에 네 마음을 지키라 생명의 근원이 이에서
남이니라 4장 23절

"천 마디 말은 흘려버려도 좋으나 그중의 한 가지 말
만은 반드시 가슴에 새겨 달라." 실학자 우하영이 정
조에게 제출한 국정 개혁 보고서에 「천일록千一錄」이
라는 제목을 달면서 했던 말입니다. 그는 이렇게 역설
했지요. "비옥한 땅에서도 소출이 줄고 척박한 땅에
서도 소출이 느는 것을 수없이 보았다. 토양, 제도, 농
기구의 개선도 필요하지만 그것보다 더 중요한 것은
농부의 정성과 마음이다." 원효 스님도 "이 세상 모든
것은 오로지 마음에 의해 좌우된다一切唯心造"라고 했지
요. 감사의 마음을 가슴 깊이 품는 하루 보내세요.

# 분모 줄이기

너는 네 우물에서 물을 마시며 네 샘에서 흐르는 물을 마시라
5장 15절

현실÷기대. 작가 조디 피코가 제시한 행복 공식입니다. 이 공식에 따르면, 행복이라는 분수의 값을 키우는 방법에는 두 가지가 있는 셈입니다. 분자를 키우거나 분모를 줄이는 것, 즉 현실을 개선하거나 기대를 낮추는 것입니다. 최재천 이화여대 석좌 교수는 분자 키우기보다 분모 줄이기가 훨씬 효과적이라고 말합니다. 실제로 99÷4에서 분자를 하나 키워본들 100÷4 즉 25밖에 안 되지만, 분모를 하나 줄이면 99÷3 즉 33이 됩니다. 행복은 만족할 때, 만족은 감사할 때 느낄 수 있습니다. 행복 갈증을 감사 샘물로 해소하세요.

# 오감을 연다면

곧 교만한 눈과 거짓된 혀와 무죄한 자의 피를 흘리는 손과 악한
계교를 꾀하는 마음과 빨리 악으로 달려가는 발과 거짓을 말하는
망령된 증인과 및 형제 사이를 이간하는 자이니라 6장 17~19절

하나님이 미워하고 싫어하는 7가지 항목입니다. 세상
을 증언해야 할 우리는 눈, 혀, 손, 발, 마음을 제대로
써야 한다는 메시지입니다. '오감(다섯 가지 감사, 感
謝)'으로 '오감(다섯 가지 감각, 感覺)'을 연다면 하나님
이 사랑하고 좋아하는 일곱 가지 항목을 선물받을 수
있을 겁니다. 그래서 이런 사람이 되면 좋겠습니다.
"겸손한 눈과 진실한 혀와 무죄한 자의 상처를 싸매
는 손과 선한 계획을 꾀하는 마음과 빨리 선으로 달려
가는 발과 진실을 말하는 정직한 증인과 및 형제 사이
를 화해케 하는 자이니라."

# 질문하지 않으면

어리석은 자들아 너희는 명철할지니라 미련한 자들아 너희는 마음이 밝을지니라 8장 5절

스탠퍼드대에서 한 사람의 5세와 45세 때를 비교 연구한 적이 있습니다. 5세 때는 하루에 창조적 과제를 98번 시도하고, 113번 웃고, 65번 질문했습니다. 45세 때는 하루에 창조적 과제를 2번 시도하고, 11번 웃고, 6번 질문했습니다. 이 세상에서 가장 영양가 높은 스테이크steak는 미스테이크mistake입니다. 지지자知之者와 호지자好之者는 낙지자樂之者를 이기지 못합니다. 질문하면 '5분 바보', 질문하지 않으면 '평생 바보'가 됩니다. 고난과 실수와 수치까지 미소 지으며 감사 대상으로 삼기를 소망합니다.

# 한 발만 더

거만한 자를 책망하지 말라 그가 너를 미워할까 두려우니라 지혜
있는 자를 책망하라 그가 너를 사랑하리라 **9장 8절**

어느 장군이 책상 위에 끈을 놓고 장교에게 말했습니다. "이것을 밀어보게." 장교가 밀었지만 끈은 나아가지 않았습니다. 장군이 끈을 앞에서 당기며 말했지요. "지도자는 이렇게 앞에서 이끌어야 한다네." 장군에게 젊은 아들이 찾아와 고민을 토로했습니다. "아무리 찔러도 제 칼끝이 적에게 닿지 않습니다." 장군은 짤막하게 충고했지요. "한 발만 더 앞으로 내디뎌라!" 유익한 충고는 겸손한 경청을 만날 때 빛을 발합니다. 남의 이야기를 잘 듣지 않으면 새로운 단계로 도약할 기회를 잃는다는 사실 또한 명심해야 합니다.

# 떨어지지 않는 열매

공의를 굳게 지키는 자는 생명에 이르고 악을 따르는 자는 사망에
이르느니라 11장 19절

성공과 행복에 이르는 삶의 방식은 두 가지입니다. 인
기, 의리, 요령에 기대어 '변칙 중심으로 사는 것'과
신뢰, 공의, 정직에 기초해 '원칙 중심으로 사는 것'입
니다. 앞의 것은 빠른 성공과 행복을 가져다주겠지만
열매도 빠르게 떨어질 가능성이 높습니다. 뒤의 것은
성공과 행복에 이르기까지 다소 시간이 걸리겠지만
열매가 쉽게 떨어지지 않을 것입니다. 핀란드에는
"진실은 불속에서도 없어지지 않는다"라는 속담이
있습니다. 신독愼獨의 자세를 지닌 하루 보내세요.

# 선한 말

근심이 사람의 마음에 있으면 그것으로 번뇌하게 되나 선한 말은
그것을 즐겁게 하느니라 12장 25절

우리는 늘 근심, 걱정, 염려의 굴레를 쓰고 삽니다. 선
한 말은 그 굴레의 매듭을 풀어 우리를 비상하게 하는
주문입니다. 일본은 1964년 도쿄올림픽을 앞두고
'오아시스' 운동을 대대적으로 전개해 친절하게 인
사하는 나라의 대명사가 되었습니다. 오아시스는 '오
하요 고자이마스(안녕하세요)', '아리가토 고자이마스
(감사합니다)', 시쓰레이시마스(실례합니다)', '스미마센
(미안합니다)'의 첫 글자를 모은 것입니다. 한국에선
'감사 미소(감사합니다, 사랑합니다, 미안합니다, 소중합니
다)' 운동을 대대적으로 펼쳐보면 어떨까요?

## 93
# 감사의 불빛

의인의 빛은 환하게 빛나고 악인의 등불은 꺼지느니라 13장 9절

스승이 세 명의 제자에게 엽전 한 닢씩 주고 무엇을
사서든지 방을 가득 채워보라고 했습니다. 두 제자는
값이 싸고 양이 많은 깃털과 목초를 샀지만 그것만으
로는 부족했지요. 한 제자는 양초 하나를 사서 불을
밝혔습니다. 그러자 곧 밝은 빛이 방을 가득 채웠지
요. 순서를 바꿔 해석해봤습니다. 감사의 불빛을 꺼
트리지 않고 환하게 밝혀서 의인이 되었고, 감사의 등
불을 꺼트려 불평의 어둠에 갇혔기에 악인이 되었다
고. 감사의 빛light이 의로운right 사람을 만듭니다. 오
늘도 감사로 세상을 환하게 빛내볼까요?

# 그믐밤을 견디면

웃을 때에도 마음에 슬픔이 있고 즐거움의 끝에도 근심이 있느니라
14장 13절

우중유락 낙중유우憂中有樂 樂中有憂(근심 가운데 즐거움이
있고 즐거움 가운데 근심이 있다). 퇴계 이황 선생이 스스
로 지은 묘지명의 마지막 대목에 나오는 여덟 자입니
다. 거유巨儒가 만년에 일갈한 것처럼 달도 차면 기울
기 마련이고, 빛이 강하면 강할수록 반대편의 어둠은
짙어질 뿐입니다. 그것이 자연 세상과 인간 세상의 이
치입니다. 하지만 반대의 이치도 있습니다. 그믐밤을
견디면 보름달을 볼 수 있고, 터널의 어둠을 참으면
찬란한 광명과 만날 수 있지요. 일희일비一喜一悲하지
않는 마음의 평화, 감사가 주는 선물입니다.

# 베터를 추구하라

게으른 자의 길은 가시 울타리 같으나 정직한 자의 길은 대로니라
15장 19절

진인사대천명盡人事待天命에 대한 역발상을 해본 적이
있습니다. 비전을 세워야 최선을 다할 수 있는 것처럼
진인사盡人事 이전에 대천명待天命이 먼저 아닐까라고!
하지만 『폰더 씨의 위대한 하루』에서 링컨은 말하더
군요. "하나님께서는 '기도만 하고 기다리는 사람' 보
다는 '기도를 하면서 일도 열심히 하는 사람'을 더 좋
아하시지." 최선을 다해 준비하되 욕심을 버리고 감
사를 채운다면, 대천명의 시간은 또 다른 배움의 기회
일 것입니다. '베스트best' 보다 '베터better'를 추구하
며 산다면 이루지 못할 일은 없겠지요?

# 생각한 대로

적은 소득이 공의를 겸하면 많은 소득이 불의를 겸한 것보다 나으
니라 16장 8절

『괴짜 경영학』에 소개된 이나식품공업은 일본 한천
시장 80퍼센트, 세계 시장 20퍼센트를 점유하는 '히
든 챔피언'입니다. 기업의 목표는 사원의 행복에 있
다고 믿는 이 회사는 처음부터 "대기업으로 성장하지
않는다"라고 선언하고 회사의 영속을 추구해왔지요.
이 회사 오너가 가장 아끼는 보물은 창업 초기 직원들
의 얼굴을 촬영한 사진첩입니다. 여기에는 당시 직원
들이 고객에게 친필로 작성한 감사 편지도 있는데, 그
들은 하나같이 활짝 웃고 있지요. 잘 먹고 잘사는 '웰
빙Well-being'보다 생각한 대로 사는 '윌빙Will-being'이
더 멋지지 않을까요?

# 핵심을 찔러라

한 마디 말로 총명한 자에게 충고하는 것이 매 백 대로 미련한 자를
때리는 것보다 더욱 깊이 박히느니라 17장 10절

링컨이 1863년 11월 19일 행한 게티즈버그 연설은
272개의 단어와 10개의 문장으로 구성되었습니다.
연설에 걸린 시간은 단 3분에 불과했지요. 이날 행사
를 위한 수석 연사는 사실 따로 있었습니다. 전 상원
의원 에드워드 에버렛이 주인공이었지요. 그는 하버
드대 총장이자 웅변가였는데, 장장 2시간 동안 1만
3,000마디를 토해냈습니다. 하지만 역사는 에버렛의
연설이 아니라 링컨의 연설을 기억할 뿐입니다. 평소
에는 과묵하지만 필요할 땐 할 말을 하는, 한 마디를
하더라도 핵심을 찌르는 사람이 되면 좋겠습니다.

# 이름 부르기

노엽게 한 형제와 화목하기가 견고한 성을 취하기보다 어려운즉
이러한 다툼은 산성 문빗장 같으니라 **18장 19절**

영화 〈7번방의 선물〉에서 교도소 반장(정진영)은 주인
공 용구(류승룡)를 처음에는 수번 '5482'로 부릅니다.
이름이 아니라 번호로 부를 때는 상대방을 함부로 대
해도 죄의식을 느끼지 못합니다. 하지만 '예승이 아
빠'로 부르는 순간 장애인 용구도 한 명의 고귀한 인
간으로 보이기 시작합니다. 일부 공장에서 외국인 노
동자를 미얀마 2, 베트남 3, 캄보디아 1 식으로 부른다
는 슬픈 뉴스를 봤습니다. 닫힌 마음의 빗장을 열고
싶다면 먼저 그의 이름을 불러주세요.

# 정면 승부

너는 권고를 들으며 훈계를 받으라 그리하면 네가 필경은 지혜롭게 되리라 19장 20절

병가를 내고 집에서 쉴 때 아들이 건네준 다큐 동영상 〈Man vs Wilds〉를 감상했습니다. 사막, 화산, 남극 등 극한의 환경에 뛰어든 특수 부대 출신의 영국 남성 베어 그릴스가 극적으로 생환하는 모습이 담겼더군요. 초원에서 사자를 만난 베어 그릴스는 권고했습니다. "이럴 때 절대 등을 보이고 도망가지 마라!" 사자는 추격하는 본능이 있고, 사람보다 속도가 빠르기 때문이지요. "차라리 정면으로 당당한 모습을 보여줘라. 그러면 사자는 쫓아오지 않고 당신을 지켜볼 것이다." 위기, 고난, 질병에 대처하는 자세도 이래야 하지 않을까요? 감사의 지혜로 불안의 사자와 정면 승부하는 하루 보내시기 바랍니다.

# 재난을 막는 것

경영은 의논함으로 성취하나니 지략을 베풀고 전쟁할지니라
20장 18절

1995년 1월 17일 오전 5시 46분. 일본 고베에서 진도 7의 지진이 발생했습니다. 사망 6,434명, 부상 4만 3,792명. 참혹한 결과에 일본 열도는 경악했지요. 2013년 1월 13일 오전 5시 33분. 똑같은 지역에서 비슷한 진도의 지진이 발생했습니다. 부상 24명. 피해 결과의 전부였고, 그래서 큰 뉴스가 되지도 않았지요. 18년 동안 무슨 일이 있었던 것일까요? 이는 일본 정부가 지진의 원인을 6개 분야 54개 주제로 나누어 철저히 검증하고, 그것을 토대로 459개 항목에 이르는 완벽한 대응책을 마련한 결과였지요. 영어 성경은 경영을 'plan'으로 표기합니다. 인생 속의 재난도 철저한 계획으로 이겨내면 어떨까요?

네 눈은 바로 보며 네 눈꺼풀은 네 앞을 곧게 살펴
네 발이 행할 길을 평탄하게 하며 네 모든 길을 든든히 하라.
Let your eyes look straight ahead, fix your gaze directly
before you. Make level paths for your feet and take
only ways that are firm.

4장 25~26절

Power of Proverbs

세
번
째 잠
언
力

당당한 나를 위한
용기의 힘

courage

# 행동이 운명을 바꾼다

공의와 정의를 행하는 것은 제사드리는 것보다 여호와께서 기쁘게
여기시느니라 21장 3절

일체유심조一切唯心造와 백문이불여일견百聞而不如一見보
다 강력한 것이 일체유행조一切唯行造와 백견이불여일
행百見而不如一行입니다. 페페 신부는 "삶이 위대하고 아
름다운 이유는 매일 일어나는 작은 일 때문"이라고
고백했고, 칼릴 지브란은 "조금만 알고 행동하는 것
이 많이 알고 행동하지 않는 것보다 훨씬 더 가치 있
다"라고 역설했지요. 연인을 연기한 배우가 사랑에
빠지는 경우가 많듯이 행동은 사람의 운명까지 바꿉
니다. 일상의 모든 작은 행위에 감사한다면 지행합일
知行合一의 기쁨을 누리지 않을까요?

# 적을수록

선한 눈을 가진 자는 복을 받으리니 이는 양식을 가난한 자에게 줌이니라 22장 9절

 '남미의 스위스'로 불리는 우루과이의 1인당 GDP는 1만 5,485달러(2012년 기준)로 교육과 복지 여건은 미국의 남부 지역보다 우월합니다. 호세 무히카 대통령은 월급의 90퍼센트를 사회에 기부하고 약 100만 원만 가지고 생활합니다. 대통령궁을 거부하고 자택에서 출퇴근하는 그는 공무가 없을 때는 트랙터로 밭일을 하기도 합니다. "가진 것이 적을수록 그것을 지키기 위해 평생 노예처럼 일을 하지 않아도 되니까 좋습니다." 무욕의 선한 눈을 가진 그야말로 세상에서 가장 부유한 대통령 아닐까요?

# 기록을 깨뜨린 것

내 아들아 너는 듣고 지혜를 얻어 네 마음을 바른 길로 인도할지니라
**23장 19절**

올림픽 수영 종목 중 배영 100미터 기록이 거의 30년
동안 깨지지 않은 적이 있습니다. 그런데 절대 깨질
것 같지 않던 1분의 벽이 미국의 한 고등학교 수영 대
회에서 허무하게 무너졌지요. 이유는 간단했습니다.
기존에는 50미터 지점에서 측면으로 턴했지만 기록
을 깬 학생은 정면으로 했습니다. 지금 보면 지극히
당연해 보이지만 과거에는 측면으로 턴하는 것만이
절대 불변의 진리였지요. 한문 성경은 '바른 길'을
'정도正道'로 표기합니다. 오늘도 정도와 감사로 혁신
하는 시간 보내셨으면 좋겠습니다.

# 감사 장인

네가 좀더 자자, 좀더 졸자, 손을 모으고 좀더 누워 있자 하니 네 빈궁이 강도같이 오며 네 곤핍이 군사같이 이르리라 24장 33~34절

오노 지로는 도쿄 긴자에서 스시 식당을 운영하는 85세의 노인입니다. 의자 열 개밖에 없는 지하지만 이곳은 『미슐랭 가이드』가 인정한 최고 등급 식당이지요. 인생의 마지막 순간까지 어제보다 나은 스시를 만드는 것이 꿈이라는 그는 말합니다. "장인은 같은 일을 매일 반복하는 사람입니다." 그는 새벽부터 일어나 평생 동안 같은 일을 반복하면 실력이 점차 향상된다고 믿습니다. 한문 성경은 '좀더'를 '편시片時'로 표기합니다. 편시가 모이면 영원이지요. 인생을 맛있게 요리하는 감사 장인을 꿈꿔봅니다.

# 행복의 그릇

은에서 찌꺼기를 제하라 그리하면 장색의 쓸 만한 그릇이 나올 것
이요 25장 4절

찌꺼기를 가리키는 'dross'에는 불순물, 가치 없는 것
이란 의미도 있습니다. 그것을 걷어내야 순도 높은 작
품을 얻겠지요. 하지만 조개가 진주를 만들기 위해 긴
세월을 필요로 하듯이 제련 과정도 간단하지 않습니
다. 진주 한 알을 만들기 위해 조개가 10년 동안 이물
질과의 싸움에서 오는 고통을 참아야 하듯이 말이지
요. 우리 성품도 그런 인내와 제련의 과정을 거치면서
조금씩 성장합니다. 감사의 용광로에서 불만의 찌꺼
기를 걷어내 행복의 그릇을 만들면 좋겠습니다.

# 감사를 선물하라

함정을 파는 자는 그것에 빠질 것이요 돌을 굴리는 자는 도리어 그것에 치이리라 26장 27절

동생과 싸우다 엄마에게 야단을 맞은 소년이 뒷산에 올라가 외쳤습니다. "나는 너를 미워해!" 그러자 앞산에서 메아리가 들려왔습니다. "나는 너를 미워해!" 마음을 고쳐먹은 아이는 이렇게 외쳤습니다. "나는 너를 사랑해!" 그러자 앞산에서 메아리가 들려왔습니다. "나는 너를 사랑해!" 인생은 메아리를 닮았습니다. 감사를 말하면 감사할 일이 생기고, 불평을 말하면 불평할 일이 생깁니다. 시기의 함정을 파는 사람이 아니라 감사의 다리를 놓는 사람이 되기를 원합니다. 감사를 선물받고 싶다면 먼저 감사를 선물해야 합니다.

# 칭찬하는 순간

도가니로 은을, 풀무로 금을, 칭찬으로 사람을 단련하느니라
**27장 21절**

칭찬은 바닷속 고래만이 아니라 하늘 위 기러기도 춤
추게 합니다. 기러기는 무리를 지어 비행하며 끊임없
이 울음소리를 내는데, 서로에게 용기를 주는 칭찬이
라고 합니다. 고래와 기러기보다 칭찬 효과가 더 높은
동물이 있으니, 바로 사람입니다. 인류사에 우뚝 선
위인들은 하나같이 어린 시절 누군가 우연히 던진 칭
찬 한 마디에 영향을 받았다고 고백합니다. 칭찬은 사
람을 금과 은보다 더 귀하게 만드는 혁명적 도구입니
다. 주변 사람의 장점을 발견하고 칭찬하는 순간 우리
는 역사를 바꾸는 창조자가 됩니다.

# 108
# 작은 욕심, 큰 만족

욕심이 많은 자는 다툼을 일으키나 여호와를 의지하는 자는 풍족
하게 되느니라 28장 25절

행복의 비결은 무엇일까요? 이한수 선인장학재단 이
사는 모든 것에 만족할 줄 알거나 욕심을 적게 내는
것이라고 주장합니다. 그러면서 범사감사凡事感謝와 소
욕지족少慾知足을 대안으로 제시합니다. 모든 일에 감
사하는 사람은 불만이나 불안을 느낄 틈이 없지요.
'범사에 감사하라'는 '이웃을 사랑하라'는 말씀과 함
께 인류를 행복으로 이끄는 최고의 지침입니다. 소욕
지족은 '욕심을 줄이고 만족을 아는 삶을 살아야 한
다'는 의미입니다. 욕심이 크면 클수록 만족에 이르기
힘들지요. 작은 욕심, 큰 만족이 행복의 비결입니다.

# 견디는 것

어리석은 자는 자기의 노를 다 드러내어도 지혜로운 자는 그것을
억제하느니라 29장 11절

"울지 마라 / 외로우니까 사람이다 / 살아간다는 것은
외로움을 견디는 일이다." 정호승 시인의 「수선화에
게」 첫 구절입니다. 고 박완서 작가는 남편을 먼저 병
으로 떠나보낸 3개월 후에 불의의 사고로 26세의 아
들마저 가슴에 묻어야 했습니다. 세월이 흐른 뒤 잡지
사 기자가 인터뷰를 하면서 물었습니다. "사랑하는
남편과 아들을 떠나보낸 아픔과 외로움을 어떻게 극
복하셨나요?" 작가는 이렇게 대답했다고 합니다. "아
픔과 외로움은 '극복하는 것'이 아니라 '견디는 것'
입니다." 아픔과 외로움을 느낍니까? 화내지 말고, 이
기려 하지 말고, 그냥 꿋꿋이 견뎌내보세요.

# 110
# 사랑에 빠져라

내가 심히 기이히 여기고도 깨닫지 못하는 것 서넛이 있나니
**30장 18절**

문학 작품의 묘미를 제대로 맛보려면 단어나 문장도
중요하지만 문맥과 행간을 읽을 줄 알아야 합니다. 산
수화를 제대로 감상하려면 붓의 움직임이나 먹의 농
담도 중요하지만 여백의 맛을 즐길 줄 알아야 합니다.
『독서술』의 저자 모티머 애들러는 말합니다. "사랑에
빠져서 연애편지를 읽을 때 사람들은 자신의 실력을
최대한으로 발휘해 읽는다. 그들은 행간을 읽고 여백
을 읽는다. 부분의 견지에서 전체를 읽고 전체의 견지
에서 부분을 읽는다." 진리를 깨닫고 싶다면 먼저 사
랑에 빠지세요.

# 우리에게 필요한 것

도리어 나의 모든 교훈을 멸시하며 나의 책망을 받지 아니하였은
즉 너희가 재앙을 만날 때에 내가 웃을 것이며 너희에게 두려움이
임할 때에 내가 비웃으리라 1장 25~26절

아이가 말했습니다. "엄마, 반에서 왕따 당하는 애가
있어. 걔한테 말하면 같이 왕따 당해서 걔는 친구가
하나도 없어. 어쩌면 좋지?" 엄마가 망설이다가 말했
습니다. "걔하고 놀지 마. 그러다 너까지……." 다음
날 그 말을 한 아이가 죽었습니다. 아이는 자신의 얘
기를 엄마에게 털어놓은 것이었습니다. 트위터에서
큰 반향을 일으킨 사연입니다. 입시 전쟁으로 상징되
는 경쟁 교육에 몰아넣고 우리 아이만 살아서 돌아오
기를 바라는 것은 어리석은 일입니다. 우리에게 필요
한 것은 내 아이만을 위한 방탄복이 아니라 전쟁을 끝
낼 용기 아닐까요?

# 112

# 낙제하더라도

네 귀를 지혜에 기울이며 네 마음을 명철에 두며 2장 2절

세계 소형 모터 시장의 90퍼센트를 점유하는 일본전산은 신입 사원을 선발할 때 도전 정신이 강한 인재를 뽑는 것으로 유명합니다. 어떤 해는 대학 입시에서 낙제 경험이 있는 학생들만 뽑아 물었지요. "낙제한 것을 후회하는가? 다음에는 어떻게 하겠는가?" 이 질문에 "후회하고 있으며 열심히 공부하겠다"라고 답한 사람은 모두 떨어뜨렸습니다. 하지만 "또 낙제하더라도 내 의지대로 살겠다"라는 사람은 전원 합격시켰습니다. 세상의 기준이 아니라 지혜와 명철로 승리하는 하루 보내시기 바랍니다.

# 113
## 감사는 나침반

인자와 진리가 네게서 떠나지 말게 하고 그것을 네 목에 매며 네
마음 판에 새기라 3장 3절

감사 특강을 하러 갈 때마다 진행하는 게임이 있습니
다. 하나의 단어로 감사의 정의를 내리고 이유를 적어
보는 게임입니다. 다음은 몇 가지 답변 사례입니다.
나침반: 행복으로 가는 방향을 알려주니까. OLED:
감사는 자체 발광 물질이니까. 337 박수: 하기 쉽고,
하면 흥이 나고, 할수록 신이 나니까. 숨은그림찾기:
인생의 갈피와 구석에 숨었던 기쁨과 행복의 그림을
찾아주니까. 이기는 게임: 마음의 변화를 일으켜 나
도, 너도, 우리도 바꿔주기 때문에. 각자 마음 판에 새
길 감사의 정의를 내려보는 것은 어떨까요?

# 올바로, 곧바로

네 눈은 바로 보며 네 눈꺼풀은 네 앞을 곧게 살펴 네 발이 행할 길을 평탄하게 하며 네 모든 길을 든든히 하라 4장 25~26절

어느 날 한 젊은 화가가 화단의 거장 뵈클린을 찾아와 괴로움을 호소했습니다. "어떻게 해야 선생님처럼 성공할 수 있습니까? 저는 그림을 2~3일에 한 장 정도 그리는데 팔리기까지 2~3년이나 걸리니 말입니다." 뵈클린은 그의 어깨를 가볍게 두드리며 말했습니다. "그림 한 점을 그리는 데 2~3년을 투자해보게. 그러면 2~3일 만에 팔릴 걸세." 안광眼光이 지배紙背를 철徹한다는 말이 있습니다. 눈빛이 종이를 뚫을 정도로 몰입하면 책 속에서 답이 보인다는 뜻입니다. '올바로' 그리고 '곧바로' 노력할 때 탄탄대로가 열립니다.

# 갑이 되려면

내 아들아 내 지혜에 주의하며 내 명철에 네 귀를 기울여서 근신을
지키며 네 입술로 지식을 지키도록 하라 5장 1~2절

갑甲이 되고 싶으세요? 그렇다면 누군가를 만나거나
회의를 할 때 말하는 사람에게 눈을 맞추고 고개를 끄
덕이세요. 공감의 표시입니다. 가끔 맞장구를 치거나
추임새를 넣으세요. 호감의 표현입니다. 종종 메모를
하세요. 존경의 신호입니다. 표정을 밝게 하고 웃으
세요. 『乙의 생존법』에 나오는 '상대에게 최선을 다
하는 태도'입니다. '주의하다'를 영어 성경은 'pay
attention to', 한문 성경은 '유심留心'으로 표기합니
다. 유심은 유의留意와 같은 말이지요. 감사한 마음으
로 모든 사람을 갑으로 대하는 것, 내가 갑이 되는 지
름길입니다.

# 자존감

너는 곧 가서 겸손히 네 이웃에게 간구하여 스스로 구원하되
6장 3절

"국어를 잘하면 뭐해. 달리기는 못하는 걸!" 자존감 낮은 아이의 말투입니다. 하지만 자존감 높은 아이는 이렇게 말하지요. "국어는 못해도 달리기는 자신 있어!" 삼국 시대 사상가 혜강은 성무애락론聲無哀樂論을 개진한 바 있습니다. 직역하면 '소리에는 슬픔과 기쁨이 없다', 의역하면 '음악의 애락에 대한 느낌은 각자의 감정에 따라 다르다'입니다. '스스로 구원'을 영어 성경은 'free yourself', 한문 성경은 '救自己'라고 표기합니다. 자존감은 '이 세상에 하나뿐인 나 자신을 소중히 여기는 마음'이지요. 나에 대한 감사가 세상을 구원하는 원동력입니다.

# 117
## 코끼리와 말뚝

미련한 자가 벌을 받으려고 쇠사슬에 매이러 가는 것과 같도다
7장 22절

개구쟁이 아기 코끼리가 자꾸 말썽을 피우자 주인이
나무 말뚝에 묶어버렸습니다. 아직 어려서 코끼리는
말뚝에서 벗어날 수 없었고, 밧줄 길이가 허락하는 범
위 내에서만 놀았지요. 그랬던 아기 코끼리가 자라서
거대한 어른 코끼리가 되었습니다. 이제는 무거운 것
도 쉽게 끌 정도로 힘이 센데, 어찌된 일인지 코끼리
는 말뚝에만 묶어 놓으면 가만히 있었지요. 살짝 힘만
줘도 말뚝은 금방 뽑힐 텐데 얌전히 말뚝에 매여 있었
던 겁니다. 숙명의 말뚝에 발목 잡히지 말고 운명을
개척하며 자유롭게 살기를 소망합니다.

# 무에서 출발하면

사람이 거처할 땅에서 즐거워하며 인자들을 기뻐하였느니라
8장 31절

"모태에서 적신으로 나왔으니 적신으로 돌아갑니다." 한꺼번에 모든 것을 잃었던 욥의 기도입니다. 적신赤身은 핏덩어리를 말하는데, 우리가 태어나면서 아무것도 가지고 나오지 않았다는 사실을 의미합니다. 김강식 산돌교회 목사는 욥이 자신의 마음을 제로로 낮추었기에 감사하지 못할 것이 없다고 해석했습니다. 감사는 무에서 시작합니다. 무에서 출발하면 세상에 있는 모든 것이 감사 대상입니다. 옷 한 벌, 밥 한 끼, 숨 쉬는 공기, 따스한 햇볕……. 이 모든 것이 감사 조건이면 좋겠습니다.

# 끝난 것은 어제다

**나 지혜로 말미암아 네 날이 많아질 것이요 네 생명의 해가 네게 더하리라 9장 11절**

『모리와 함께한 화요일』의 저자 미치 앨봄이 신간 『도르와 함께한 인생여행』을 내놓았습니다. "끝난 것은 '내일'이 아니라 '어제'일 뿐이다." 실연의 아픔을 견디지 못하고 모든 것이 끝났다며 자살하려는 17세 소녀 세라에게 '시간의 아버지' 도르가 해준 말입니다. "시간에 끝이 없다면 그 무엇도 특별하지 않겠지요." 훗날 치료법이 개발되었을 때 부활하기 위해 암에 걸린 자신의 시신을 냉동 보존하려는 80대 백만장자 빅토르에게 도르가 해준 말입니다. 오늘도 아름다운 추억과 감사가 조화를 이루는 하루 보내세요.

# 120
# 의인의 입술

**의인의 입술은 여러 사람을 교육하나 미련한 자는 지식이 없어 죽느니라** 10장 21절

"오로지 음악을 맡아 주관하게專掌樂事." 박연이 조선 음악을 세계 최고로 끌어올리겠다는 구상을 밝히자 세종이 했던 말입니다. 『연려실기술』에 따르면, 박연은 그때부터 앉으나 서나 손을 가슴 아래 대고 악기를 다루는 시늉을 할 정도로 음악에 몰두했습니다. 그리고 마침내 10여 년 후에 목표를 달성했지요. 세종리더십연구소 박현모 연구실장은 "세종은 인재가 장차 행하고자 하는 바壯而欲行之를 발견하고 거기에 힘을 실어주는 능력이 탁월했다"라고 평가했습니다. 세상을 이롭게 하는 의인의 입술이 많으면 좋겠습니다.

# 121
# 청춘

**사람은 입의 열매로 말미암아 복록에 족하며 그 손이 행하는 대로 자기가 받느니라 12장 14절**

"때로는 스무 살 청년보다 / 예순 살 노인이 더 청춘일 수 있네 / 누구나 세월만으로 늙어가지 않고 / 이상을 잃어버릴 때 늙어가나니." 새뮤얼 울만은 청춘의 기준은 나이가 아니라고 노래했습니다. 이상을 잃어 정신이 냉소의 눈에 덮이고 비탄의 얼음에 갇히면 비록 나이는 스무 살이라도 늙은이에 불과하다고 일갈했지요. 한문 성경은 '복록good things'을 '미복美福'이라고 표기합니다. 과거보다 미래를 자주 말하는 입, 부지런히 놀리는 손과 발, 궁금하면 참지 못하는 호기심, 인생의 깊은 샘에서 솟아나는 신선함으로 영원한 청춘의 미복을 맛보세요.

# 각자의 가치

교만에서는 다툼만 일어날 뿐이라 권면을 듣는 자는 지혜가 있느
니라 13장 10절

봄이 오면 제주 들녘을 노랗게 물들이는 유채. '씨 없
는 수박'으로 유명한 농학자 우장춘이 배추와 양배추
를 교배해 탄생시킨 새로운 생명체입니다. 약육강식
의 제국주의 이데올로기와 직결된 우생학이 대세를
이루던 상황에서 우장춘은 종의 화합을 통한 상호 공
존의 원리를 보여줬습니다. 『우장춘의 마코토』저자
이영래는 말합니다. "서로 다른 개체가 있음으로 해
서 다른 종이 탄생할 수 있다는 것은 생태계의 모든
것에 각자의 가치가 있음을 증명한 것." 다툼의 교만
이 아닌 화합의 지혜와 함께하시길 소망합니다.

# 성공한 아버지

여호와를 경외하는 자에게는 견고한 의뢰가 있나니 그 자녀들에게
는 피난처가 있으리라 14장 26절

"제게 사소한 흠결만 있을 뿐 제 성격이 점잖고 도덕
적이라면, 누구도 저를 탐욕이나 호색이나 방탕으로
비난할 수 없다면, 제가 불명예 없이 유덕하게 살아왔
다면, 제가 친구들에게 좋은 친구라면, 그것은 모두가
아버지 덕분입니다. 아낌없는 감사와 칭찬을 드립니
다." 제정 로마 시대를 대표하는 시인 호라티우스가
비천한 노예 출신인 아버지에게 바친 찬사입니다.
'존경하는 인물' 항목에 '아버지'라고 당당히 쓰는
자녀를 둔 사람은 진정 성공한 아버지일 겁니다. 하지
만 먼저 아버지가 자녀의 피난처가 되어주는 것이 순
서겠지요?

# 즐거움을 선택하라

마음의 즐거움은 얼굴을 빛나게 하여도 마음의 근심은 심령을 상하
게 하느니라 15장 13절

어느 시골 마을에 두 아들을 둔 노파가 살고 있었습니
다. 한 아들은 우산 장수, 다른 아들은 짚신 장수였지
요. 노파는 매일 걱정 근심으로 울상이었습니다. 비
가 오는 날이면 짚신 장수 아들이 걱정이었고, 해가
쨍쨍 내리쬐는 날이면 우산 장수 아들이 걱정이었습
니다. 우리의 걱정 중에서 40퍼센트는 절대 일어나지
않을 일, 30퍼센트는 이미 일어난 일, 22퍼센트는 사
소한 일, 4퍼센트는 절대 바꿀 수 없는 일이라고 합니
다. 실제로 걱정할 일은 단 4퍼센트에 불과한 거지요.
마음을 상하게 할 근심보다 얼굴을 빛나게 할 즐거움
을 선택해야 합니다.

# 인생 탐험가

선한 말은 꿀송이 같아서 마음에 달고 뼈에 양약이 되느니라
16장 24절

샤클턴 함장이 이끄는 영국 탐험대가 남극 대륙 횡단
에 나섰다가 얼음덩이에 고립되는 극한 상황에 놓였
습니다. 하지만 샤클턴의 뛰어난 리더십에 힘입어 단
한 명의 희생자도 없이 28명 전원이 634일 만에 무사
히 생환했지요. "노래를 부를 수 있나요?" 샤클턴이
대원을 뽑을 때 던진 질문입니다. 당황한 지원자에게
그는 말했지요. "카루소처럼 노래를 잘 불러야 한다는
뜻은 아니오. 다른 대원들과 함께 마구 소리를 지를
수는 있겠지요?" 역경 속에서도 꿀과 약 같은 말로 동
료 대원을 응원하는 인생 탐험가가 되면 좋겠습니다.

# 빚과 저축

마른 떡 한 조각만 있고도 화목하는 것이 제육이 집에 가득하고도 다투는 것보다 많으니라 17장 1절

야행을 나간 왕이 가난한 동네를 지날 때였습니다. 어느 움막에서 웃음소리가 끊임없이 났지요. 왕은 들어가 물 한 사발을 청하며 은근히 물었습니다. "형편이 어려워 보이는데 무슨 좋은 일이라도 생겼소?" 주인이 대답했습니다. "빚도 갚고 저축하며 살아서 그런지 웃음이 절로 나오네요." 무슨 뜻이냐고 묻자 이런 답변이 돌아왔습니다. "부모님을 봉양하는 것이 빚을 갚는 것이고, 제가 늙어 의지할 아이들을 키우니 이게 저축이지요." 이 세상 모든 사람이 감사하는 마음으로 빚도 갚고 저축도 하면서 화목하게 살면 좋겠습니다.

# 127
# 행복의 주소

사람의 선물은 그의 길을 넓게 하며 또 존귀한 자 앞으로 그를 인도
하느니라 18장 16절

진심이 담긴 선물은 받는 사람만 기쁘게 하지 않습니
다. 선물을 주는 사람에게 도리어 더 많은 축복이 있
습니다. 아낌없이 주는 사람은 앞길이 넓게 열리는 기
적과, 존귀한 자 앞으로 초대되는 기쁨을 맛볼 것입니
다. 무엇보다 지금present이야말로 우리에게 주어진 최
고의 선물present입니다. 행복은 멀리 떨어져 있지 않
습니다. 행복의 주소는 바로 '지금 그리고 여기' 입니
다. 지금 만나는 사람에게 진심을 담아 "감사합니다"
라는 인사말을 건네보는 것은 어떨까요?

# 약점을 강점으로

거만한 자를 때리라 그리하면 어리석은 자도 지혜를 얻으리라 명철한 자를 견책하라 그리하면 그가 지식을 얻으리라 19장 25절

일본 경제의 신화적 인물 마쓰시타 고노스케는 지독한 가난, 허약한 몸, 짧은 가방끈을 자신이 성공한 세 가지 이유로 꼽았습니다. 집이 몹시 가난해 어릴 적부터 구두닦이, 신문팔이 등으로 고생하면서 세상을 살아가는 데 필요한 경험을 얻었지요. 태어났을 때부터 몸이 몹시 약해 항상 운동에 힘써 늙어서도 건강하게 지냈지요. 초등학교도 못 다녀 세상 모든 사람을 스승으로 모시고 열심히 배웠지요. 감사는 약점을 강점으로 뒤집는 힘입니다.

# 꽃처럼

처음에 속히 잡은 산업은 마침내 복이 되지 아니하느니라 20장 21절

"흔들리지 않고 피는 꽃이 어디 있으랴/이 세상 그 어떤 아름다운 꽃들도/다 흔들리면서 피었나니." 도종환의 시 「흔들리지 않고 피는 꽃」일부입니다. 개구리는 멀리 뛰기 위해 움츠리고, 태양이 솟아오르기 직전의 새벽이 가장 어두운 법이지요. 거친 인생의 풍파가 우리의 삶을 속일지라도 구름 뒤에서 빛나는 태양을 믿어야 합니다. 영어 성경은 산업을 'inheritance'로 표기합니다. 부모에게 많은 유산을 물려받지 못한 것을 원망하기보다, 처음은 미약하나 나중은 창대한 인생을 살아야겠습니다. 흔들리면서 줄기를 곧게 세운 꽃처럼!

# 130
## 그만두지 않으면

공의와 인자를 따라 구하는 자는 생명과 공의와 영광을 얻느니라
21장 21절

중국 최고의 시인 이백은 젊은 시절 공부를 포기하고 싶은 마음에 스승에게 말도 없이 산에서 내려왔습니다. 그러다 마을 입구에서 도끼를 바위에 가는 노파를 보고 물었지요. "무엇을 만드시나요?" 노파가 답했습니다. "바늘이라네." 이백은 어이가 없어 웃고 말았습니다. 불가능한 일이라는 생각이 들었기 때문이지요. 그러자 노파는 정색을 하며 일갈했습니다. "그만두지 않으면 가능하다네!" 이백은 이 말을 듣고 크게 깨달아 다시 산으로 돌아가 학문에 정진했습니다. 세상에서 가장 지혜로운 자는 배우는 사람입니다.

# 훔칠 수 없는 것

**노를 품는 자와 사귀지 말며 울분한 자와 동행하지 말지니**
22장 24절

어느 날 도둑이 어린 칼 루이스의 자전거를 훔쳐갔습니다. 그는 다시 자전거를 샀지만 며칠 후에는 그것마저 도둑맞았지요. 이후에도 여러 번 자전거를 잃어버리자 그는 왕복 24킬로미터를 뛰어서 출퇴근했습니다. 그리고 매일 그렇게 달린 결과 세계 제일의 달리기 선수가 되었습니다. 올림픽 100미터 금메달을 획득한 그는 기자들과 인터뷰하면서 이런 명언을 남겼지요. "어떤 도둑도 나의 달리기만은 훔쳐갈 수 없었습니다." 분노와 울분을 도전과 열정의 에너지로 전환해보세요.

# 132
## 날개와 돛

**지혜 있는 자는 강하고 지식 있는 자는 힘을 더하나니** 24장 5절

아프리카의 한 부족 마을 앞에 바위가 깔린 넓은 강이
있었습니다. 마을 사람들은 세찬 물결을 이기고 강을
안전하게 건너기 위해 항상 큰 돌을 등에 짊어졌지요.
돌이 무거울수록 생존 확률은 더욱 높아졌습니다. 새
는 무거운 날개 때문에 날 수 있고, 배는 무거운 돛 때
문에 항해할 수 있습니다. 우리가 짊어진 삶의 무게는
결코 고통스러운 '짐'이 아니라 우리를 강하게 만드
는 '힘'입니다. 고난을 인생의 날개와 돛으로 삼아 더
욱 강해지시기 바랍니다.

# 칭찬의 주인공

타인이 너를 칭찬하게 하고 네 입으로는 하지 말며 외인이 너를 칭찬하게 하고 네 입술로는 하지 말지니라 27장 2절

"링컨은 그의 조국보다 위대하고, 모든 대통령을 다 합친 것보다 위대하다." 1865년 4월 14일 링컨이 괴한의 총탄을 맞고 쓰러지자 러시아 문호 톨스토이가 바쳤던 헌사입니다. 암살 직후 링컨의 주머니에서 낡은 신문지 조각 하나가 발견되었는데, 꼬깃꼬깃 접힌 신문을 펼치자 링컨을 칭찬하는 짧은 기사가 실려 있었다고 합니다. 위대한 대통령도 자신을 칭찬한 기사를 넣고 다니며 온갖 협박과 비난을 견뎌냈던 것입니다. 칭찬받는 주인공이 되고 싶다면 누군가에게 먼저 칭찬을 건네주어야 합니다.

## 134
# 사소함의 위대함

성실하게 행하는 자는 구원을 받을 것이나 굽은 길로 행하는 자는
곧 넘어지리라 28장 18절

일본우주항공연구개발기구JAXA는 우주 비행사를 선
발할 때 종이학 천 마리를 접게 한다고 합니다. 격리
된 방에서 오랜 시간 종이학을 접다보면 우주선 안에
서 압박감을 느낄 때의 대처법이 고스란히 드러나기
때문이지요. 특히 처음과 마지막에 접은 종이학의 크
기와 형태가 크게 차이나면 치명적인 감점을 당합니
다. 인류 최초의 비행기를 만든 라이트 형제는 원래
자전거 수리공이었다고 합니다. 종이학이 곧 우주선
이고, 자전거 수리공이 곧 비행기 조종사입니다. 사소
함의 위대함에 눈뜨는 하루 보내시기를 소망합니다.

## 135
# 집 밖에 나서면

이웃에게 아첨하는 것은 그의 발 앞에 그물을 치는 것이니라
29장 5절

아첨해보아라. 그러면 당신을 믿지 않을 것이다. 비난해보아라. 그러면 당신을 좋아하지 않을 것이다. 무시해보아라. 그러면 당신을 용서하지 않을 것이다. 격려해보아라. 그러면 당신을 잊지 않을 것이다. 윌리엄 아서 워드가 제시한 아첨, 비난, 무시, 격려 등 네 가지 행위 중에서 무엇을 선택할까요? 누에는 자신의 입에서 나온 실로 집을 짓고, 사람은 자신의 입에서 나온 말로 삶을 경영합니다. 집 밖으로 나서면 모든 사람을 큰 손님 섬기듯이 하고, 아첨과 격려를 구분할 줄 아는 사람이 되기를 바랍니다.

# 공감과 호감

곧 짐승 중에 가장 강하여 아무 짐승 앞에서도 물러가지 아니하는
사자와 30장 30절

"나는 한국에서 온 프롤레타리아입니다." 전 현대그
룹 회장 정주영은 1989년 자신을 이렇게 소개했습니
다. 한국 최고의 재벌이 노동 계급이라니? 당시 정주
영은 소련 진출을 위해 최고 실력자인 프리마코프를
만났습니다. "나는 열심히 일해서 가난을 벗어났지
만 여전히 노동자입니다." 정주영은 이렇게 자신을
소개해 상대방과 유대감을 형성했지요. 공감이 호감
을 얻는 비법입니다. 담대하게 누구와도 공감하는 무
적의 사자가 되어보는 것은 어떨까요?

## 137
# 행복을 얻는 법

능력과 존귀로 옷을 삼고 후일을 웃으며 31장 25절

"월급이 적은 쪽을 택하라. 내가 원하는 곳이 아니라 나를 필요로 하는 곳을 택하라. 승진 기회가 거의 없는 곳을 택하라. 앞을 다투어 모여드는 곳이 아니라 아무도 가지 않는 곳으로 가라……." 거창고의 직업 선택 십계명 중 일부입니다. 고 전영창 교장 선생님은 학생들에게 "불의와 타협하지 말고 의롭게 행동하라"라고 가르쳤습니다. '좋은 게 좋은 것이 아니라 옳은 게 좋은 것'이란 분명한 철학이 있었기에 가능한 일이었지요. 이 땅의 청소년들이 진정한 행복은 정상에 섰을 때보다 올라갈 때 얻을 수 있다는 진실에 눈뜨기를 바랍니다.

# 나를 위해

내가 불렀으나 너희가 듣기 싫어하였고 내가 손을 폈으나 돌아보는 자가 없었고 1장 24절

"나치스는 먼저 공산당원을 숙청했다. 나는 공산당원이 아니었기에 침묵했다. 나치스는 그다음엔 유대인을 숙청했다. 나는 유대인이 아니었기에 침묵했다. 나치스는 그다음엔 노동조합원을 숙청했다. 나는 노동종합원이 아니었기에 침묵했다. 나치스는 그다음엔 가톨릭교도를 숙청했다. 나는 개신교도였으므로 침묵했다. 나치스가 나를 잡으러 왔다. 하지만 나를 위해 나서줄 사람은 아무도 남아 있지 않았다." 독일 신학자 마르틴 니묄러의 아픈 고백입니다. 여성, 장애인, 이주 노동자 등 소수자의 인권을 옹호하는 것은 결국 우리 자신을 위한 행동입니다.

# 모모가 되어라

지혜가 너를 선한 자의 길로 행하게 하며 또 의인의 길을 지키게
하리니 2장 20절

미하엘 엔데의 『모모』를 읽었습니다. 회색 신사들이
훔쳐간 인간의 시간을 찾아준 소녀 모모에겐 특별한
재주가 있더군요. 바로 '다른 사람의 말을 들어주는
것'이었습니다. 모모는 어리석은 사람이 갑자기 사려
깊은 생각을 할 수 있게 도왔는데, 무슨 멋진 충고나
질문을 해서가 아니었습니다. 그저 가만히 앉아서 온
마음으로 이야기를 들어줬을 뿐입니다. 모모가 크고
까만 눈으로 말끄러미 바라보며 경청하면 상대방은
자신도 깜짝 놀랄 만큼 지혜로운 생각을 떠올리곤 했
지요. 우리 서로에게 모모가 되어주면 어떨까요?

# 사이와 차이

네 이웃이 네 곁에서 평안히 살거든 그를 해하려고 꾀하지 말며
3장 29절

"우리에 들지 아니한 다른 양들이 내게 있어 내가 인도하여야 할 터이니 그들도 내 음성을 듣고 한 무리가 되어(요한복음 10장 16절)." 예수는 우리 안에 있는 양뿐만 아니라 밖에 있는 양까지 소중하게 여겼기에 선한 목자가 될 수 있었습니다. 인간人間이 어울려 살아가는 사회에는 운명적으로 사이間가 존재할 수밖에 없습니다. 다만 각자의 '차이'는 인정하되 '차별'은 거부할 때 인간은 나쁜 사이를 이겨내고 좋은 사이를 유지할 수 있습니다. 배타가 아닌 관용, '나'의 벽을 넘어 '우리'로 가는 지름길입니다.

# 가장 귀한 것

아버지가 내게 가르쳐 이르기를 내 말을 네 마음에 두라 내 명령을
지키라 그리하면 살리라 4장 4절

평생을 시계 제작에 보낸 사람이 정성 들여 만든 시계
를 아들에게 선물했습니다. 그런데 그 시계의 초침은
금, 분침은 은, 시침은 동이었지요. 아들이 의아하게
여기자 아버지가 설명했습니다. "초가 없으면 분이
없고, 분이 없으면 시가 없다. 초침이 가는 길이야말
로 황금 같은 길이다. 작은 것이 가장 귀한 것이란
다." 아들의 손목에 시계를 채워주며 아버지가 다시
말했지요. "일 초, 일 초를 아끼면서 살아라. 초가 세
상을 변화시키는 원동력이란다." 순간에서 영원을 읽
는 지혜를 얻으면 좋겠습니다.

# 되돌아온 화살

많은 무리가 모인 중에서 큰 악에 빠지게 되었노라 하게 될까 염려
하노라 5장 14절

시저가 큰 잔치를 열고 많은 친구를 초청한 날, 비가
내리기 시작했습니다. 기분이 몹시 상한 시저는 화를
내다가 부하들에게 명령했습니다. "저 하늘을 향해
화살을 쏘아라!" 병사들은 하늘을 향해 활시위를 당
겼습니다. 그러나 화살은 잠시 후에 그들 머리 위로
쏟아져 내렸고, 수많은 부상자가 속출했지요. 어떤 일
이 뜻대로 되지 않을 때 원망과 불평을 하기 쉽습니
다. 하지만 원망과 불평은 자신에게 되돌아와 박히는
화살에 불과합니다. 원망과 불평 대신 희망과 감사를
선택하세요.

## 143
# 마시멜로는 무엇인가

네 마음에 그의 아름다움을 탐하지 말며 그 눈꺼풀에 홀리지 말라
6장 25절

달콤하고 말랑한 마시멜로의 유혹은 강렬하지요. 스탠퍼드대 연구원들이 어린이 600명에게 마시멜로를 한 개씩 주면서 "15분 동안 먹지 않고 참으면 한 개를 더 주겠다"라고 했습니다. 그리고 아이들을 15분 동안 독방에 있게 한 다음 결과를 기록했지요. 수십 년 후에 그 아이들이 어떻게 사는지 확인했더니 흥미로운 결과가 나왔습니다. 15분 동안 인내한 아이들이 훨씬 더 성공적인 인생을 살고 있었던 겁니다. 내 마음을 유혹하는 마시멜로는 무엇인지 숙고해보아야 합니다.

# 여기가 천국

대저 그가 많은 사람을 상하여 엎드러지게 하였나니 그에게 죽은
자가 허다하니라 7장 26절

'지옥의 입구에는 어떤 간판이 걸려 있을까?' 『신곡』
의 저자 단테가 어느 날 문득 떠올린 질문입니다. 그
는 지옥의 입구에는 이런 간판이 걸렸을 것이라는 기
발한 착상을 하기에 이르렀습니다. "모든 희망을 버
려라!" 이 말은 지옥에 대한 정확한 정의인 동시에 희
망 없는 현실을 극적으로 표현해주는 경고문입니다.
더 이상 희망이 없는 곳이 바로 지옥이지요. 사르트르
는 "인생은 B와 D 사이의 C다"라고 했습니다(B: Birth,
D: Death, C: Choice). 절망 대신 희망을 선택하면 여기가
바로 천국 아닐까요?

# 칭찬하지 마시오

거만한 자를 징계하는 자는 도리어 능욕을 받고 악인을 책망하는 자는 도리어 흠이 잡히느니라 9장 7절

나폴레옹이 연승하자 칭찬과 아부가 끊이지 않았습니다. 어느 날 참모 회의에서 나폴레옹이 단호하게 선언했지요. "앞으로 절대 나를 칭찬하지 마시오. 칭찬하는 사람에겐 벌을 주겠소." 그날부터 아무도 칭찬과 아부를 하지 않았습니다. 그런데 며칠 후에 참모한 명이 나폴레옹에게 다가가 말했지요. "장군님. 지난 번 칭찬을 하지 말라고 하신 그 명령은 정말 좋았습니다." 그러자 나폴레옹은 흐뭇한 미소를 짓더니 "정말 그랬어?"라며 좋아했다고 합니다. 멋진 칭찬과 아픈 책망을 모두 수용하는 리더를 꿈꿔봅니다.

# 노인이란

여호와를 경외하면 장수하느니라 그러나 악인의 수명은 짧아지느니라 10장 27절

"나는 노병입니다 / 태어나면서 입대하여 최고령 병사 되었습니다 / 이젠 허리 굽어지고 머릿결 하얗게 세었으나 / 퇴역명단에 이름 나붙지 않았으니 / 여전히 현역병사입니다 / 나의 병무는 삶입니다." 시력詩歷 60년 김남조 시인의 근작 「노병」입니다. 나이를 먹으면 누구는 노인이 되지만 누구는 어른이 되지요. 노안은 멀리 보고 크게 보라는 축복의 계시이니, 인생의 행간과 여백을 읽어내는 심미안에 눈떠야 합니다. 동안을 욕심내지 않고 동심을 잃을까 경계하는, 영원한 현역의 노병이기를 소망합니다.

## 147
# 논쟁 없이는

지략이 없으면 백성이 망하여도 지략이 많으면 평안을 누리느니라
11장 14절

옛 선비의 서재는 수신과 소통의 공간이었습니다. 이
순신 장군의 서재 이름은 운주당運籌堂이었는데, 『사
기』에 등장하는 '운주(계책을 세운다)'에서 따온 것입
니다. 실제로 이순신의 운주당은 어떤 신분의 사람도
쉽게 드나들었고, 밤새도록 불이 꺼지지 않았다고 합
니다. "모든 일을 같이 의논하고 계획을 세웠다同論
計." "온갖 방책을 의논했다百爾籌策." "밤낮으로 의논
하고 약속했다日夜謀約." 23전 23승의 비밀을 밝혀주는
문장인 셈입니다. 셰익스피어는 "위대한 논쟁 없이는
감동도 없다"라고 했지요. 지략과 승리, 경청하고 소
통하는 리더에게 주어진 선물입니다.

# 무릎 꿇은 나무

사람이 악으로서 굳게 서지 못하거니와 의인의 뿌리는 움직이지
아니하느니라 12장 3절

로키 산맥의 해발 3,000미터에는 수목 한계선 지대가
있습니다. 이곳의 나무들은 매서운 바람 때문에 곧게
서지 못하고 무릎 꿇은 모습을 한 채 자랍니다. 열악
한 환경에 놓인 이 나무들은 생존을 위해 무서운 인내
력을 발휘합니다. 세계에서 가장 공명이 잘되는 명품
바이올린은 이 나무로 만든다고 합니다. 아름다운 영
혼으로 인생의 절묘한 선율을 내는 사람은 아무런 고
난 없이 살아온 사람이 아니라 온갖 역경과 아픔을 겪
어온 사람입니다. 뿌리 깊은 나무는 바람에 흔들리지
않습니다.

# 지식으로 행동하라

무릇 슬기로운 자는 지식으로 행하거니와 미련한 자는 자기의 미련한 것을 나타내느니라 13장 16절

"황하가 맑아지길 언제까지 기다리지요? 당신은 '사상가'이나 저는 '행동가'입니다!" 신해혁명의 주역 쑨원孫文이 혁명의 시기상조론을 제기한 옌푸嚴復에게 던졌던 말입니다. 쑨원은 혁명 중에도 손에서 책을 놓지 않았습니다. 찰스 다윈의 진화론과 프랑스 혁명을 연구하는 등 중국 혁명에 도움이 될 만한 지식을 끊임없이 학습했지요. 1896년 12월부터 반년 동안 런던에 체류할 당시에는 59일간 박물관에 틀어박혀 독서했는데, 이때 그 유명한 삼민주의三民主義가 탄생했습니다. 지식으로 행동하는 인생을 꿈꿔봅니다.

# 바로 표현하라

슬기로운 자의 지혜는 자기의 길을 아는 것이라도 미련한 자의 어리석음은 속이는 것이니라 14장 8절

"어린 시절을 돌아보면 아주 많은 사람이 나를 도와주었다는 사실을 깨닫습니다. 그런데 나를 도와준 사람들에게 감사를 표현하기도 전에 그들 대부분이 세상을 떠난 것을 생각하면 마음이 아픕니다. 내성적인 성격 탓에 제대로 감사의 마음을 표현하지 못한 것이 후회스럽습니다. 감사란 잠시도 주저하거나 미루어선 안 되고 그때 바로 표현해야 합니다. 그러지 않으면 나중에 반드시 후회할 겁니다." 슈바이처 박사의 고백입니다. 버스가 떠난 뒤에 손을 흔들어도 소용이 없습니다. 유보 없는 감사 표현이 나의 길이면 좋겠습니다.

노루가 사냥꾼의 손에서 벗어나는 것같이, 새가 그물 치는
자의 손에서 벗어나는 것같이 스스로 구원하라.
Free yourself, like a gazelle from the hand of the hunter,
like a bird from the snare of the fowler.

6장 5절

Power of Proverbs

네 번째 잠언力

강인한 나를 위한
도전의 힘

challenge

## 151
# 담쟁이가 되어라

지혜로운 자는 위로 향한 생명 길로 말미암음으로 그 아래에 있는 스올을 떠나게 되느니라 15장 24절

"저것은 넘을 수 없는 벽이라고 고개를 떨구고 있을 때/담쟁이 잎 하나는 담쟁이 잎 수천 개를 이끌고/결국 그 벽을 넘는다." 도종환 시인의 「담쟁이」 마지막 구절입니다. 이어령 교수는 나무 아래로 떨어진 사과에서 물리 법칙을 발견한 뉴턴보다, 인력을 거스르고 나무 위에 열린 사과에서 생명 법칙을 발견한 괴테가 더 위대하다고 했습니다. "세상에 실패란 것은 없으며, 실패는 인생에서 우리를 다른 방향으로 이끌 뿐이다." 오프라 윈프리가 하버드대 졸업식 축사에서 했던 말입니다. 절망과 포기의 인력을 거부하고 아래에서 위로 거슬러 올라가는, 희망과 도전의 담쟁이가 되면 좋겠습니다.

# 고통에 있는 것

**지혜를 얻는 것이 금을 얻는 것보다 얼마나 나은고 명철을 얻는 것이 은을 얻는 것보다 더욱 나으니라 16장 16절**

"낡은 아치를 튼튼하게 할 때, 건축가는 오히려 아치에 얹히는 하중을 늘린다. 그래야만 아치를 구성하고 있는 각 부분이 잘 밀착되기 때문이다." 빅터 프랭클의 『죽음의 수용소에서』에 나오는 구절입니다. 쾌락에는 없지만 고통에는 있는 것이 교훈입니다. 인생의 여울과 굽이를 돌아보면, 고통에는 언제나 지혜와 명철을 동반한 교훈이 있었지요. 역경에는 사람을 지혜롭게 만드는 성분이 있습니다. 그래서 '역경'이 쌓이면 '경력'이 되고, '수고'가 쌓이면 '고수'가 되지요. 지혜와 명철을 빚어내는 고통의 연금술을 믿습니다.

## 153
# 행복이 우선

누구든지 악으로 선을 갚으면 악이 그 집을 떠나지 아니하리라
17장 13절

$\phi$

"기적 때문에 감사한 것이 아니라 감사가 기적을 만든다." 언젠가 신문을 보다가 발견한 짧은 문구에 공감했습니다. 그럼 이런 표현도 가능하겠구나, 생각해봤지요. "행복 때문에 감사한 것이 아니라 감사가 행복을 만든다." "성공 때문에 감사한 것이 아니라 감사가 성공을 만든다." 여기서 근본적인 질문을 던질 수 있습니다. 성공해서 행복한 것일까요? 행복해서 성공한 것일까요? 성공 우선이 천동설이라면, 행복 우선은 지동설입니다. 언제나 악순환이 아니라 선순환을 선택하고 싶습니다.

# 백락이 되어라

악인을 두둔하는 것과 재판할 때에 의인을 억울하게 하는 것이 선하지 아니하니라 18장 5절

중국 고서 『전국책戰國策』에는 백락일고伯樂一顧라는 고사가 있습니다. 백락은 천리마를 알아보는 능력을 지녔던 인물로 유명합니다. 그는 어느 날 고갯길에서 소금을 잔뜩 실은 수레를 힘겹게 끌고 가는 늙은 천리마를 알아보고 서럽게 울었지요. 아무리 천리마의 자질을 가지고 태어났다고 하더라도, 알아주는 사람이 없으면 천리를 달리기는커녕 이렇게 소금 수레를 끄는 하찮은 존재가 되고 맙니다. 그래서 당나라 문인 한유는 "백락이 있고서야 천리마가 있다"라고 했던 것입니다. 우리 서로에게 백락이 되어주는 것은 어떨까요?

# 155
# 하나의 원리

지식 없는 소원은 선하지 못하고 발이 급한 사람은 잘못 가느니라
19장 2절

영화 〈쾌걸 조로〉에서 조로는 원래 뛰어난 무사가 아니었습니다. 그런데 어느 날 스승이 조로에게 "작은 원을 그린 다음 그 안에서 검술 훈련을 해보라"라는 지시를 내렸지요. 조로가 작은 원에서 벗어나지 않고도 자유자재로 검을 다룰 줄 알게 되자 놀라운 변화가 일어났습니다. 하나의 원리를 터득하자 자연스럽게 다른 검술 실력도 늘어났고, 마침내 악당을 혼내주는 전설의 무사로 거듭났던 겁니다. 천릿길도 한 걸음부터! 행복과 성공에 이르는 길에도 예외는 없지요. 감사 고수가 되고 싶다면 1일 5감부터 실천합시다.

## 156
# 가슴 설레는 노년

**젊은 자의 영화는 그의 힘이요 늙은 자의 아름다움은 백발이니라**
20장 29절

나이 든다고 걱정하는 것은 시간을 낭비하는 짓이라고 현자들은 말합니다. 발상을 전환하면 노년은 새로운 기회이자 성숙의 시간, 가슴 설레는 탐험이지요. 따라서 백 년을 써야 할 몸을 젊은 시절 아껴야 합니다. 칼 필레머의 『내가 알고 있는 걸 당신도 알게 된다면』에 나오는 「두려움 없이 나이 들기 위한 5가지 조언」 중 일부입니다. 테니슨의 시 「율리시스」에는 이런 구절이 있지요. "가자, 친구여. 새로운 세계를 찾기에는 아직 늦지 않았네." 청년의 패기와 노년의 경륜이 멋지게 조화하는 세상을 꿈꿔봅니다.

# 읽을 수 없기에

입과 혀를 지키는 자는 자기의 영혼을 환난에서 보전하느니라
21장 23절

"성공하는 사람들은 대개 난독증難讀症 환자다. 그들은 '실패', '포기', '불가능'이라는 단어를 읽을 줄 모른다." 양광모의 『비상』에 나오는 구절입니다. 그렇다면 "나의 사전에 '불가능'이란 단어는 없다"라고 선언한 나폴레옹은 지독한 난독증 환자였던 셈입니다. 읽을 수 없기에 그들의 입과 혀에선 실패, 포기, 불가능이라는 단어가 아예 나올 수 없었지요. 그리고 이것이 그들을 성공, 도전, 가능의 길로 이끌었습니다. '죽겠다, 안 된다, 짜증 나' 대신에 '미안해, 고마워, 사랑해'가 일상에서 즐겨 쓰이면 좋겠습니다.

# 순간을 살아라

너는 귀를 기울여 지혜 있는 자의 말씀을 들으며 내 지식에 마음을
둘지어다 22장 17절

톨스토이의 세 가지 질문이 있습니다. ①세상에서 가
장 중요한 순간은? 정답은 '지금 이 순간'입니다. ②
세상에서 가장 중요한 사람은? 정답은 '내 앞에 있는
사람'입니다. ③세상에서 가장 중요한 일은? 정답은
'지금 이 순간 내 앞에 있는 사람에게 집중하는 일'입니
다. "아저씨, 저는 행복의 비결을 발견했어요. 그것
은 현재에 사는 거예요. 과거를 후회하거나 미래를 기
대하는 것이 아니라 바로 이 순간에서 가능한 최대의
것을 얻는 겁니다." 진 웹스터의 『키다리 아저씨』에
나오는 대사처럼, 지금 이 순간에 감사해보세요.

# 바위를 뚫는 것

훈계에 착심하며 지식의 말씀에 귀를 기울이라 23장 12절

한나라 사람 이광李廣이 심야에 산길을 가다가 눈앞에 나타난 호랑이를 보고 화살을 날렸습니다. 날이 밝은 다음 가서 보니 호랑이 형상을 한 바위에 화살이 박혔지요. 이광은 화살이 바위를 뚫었다는 사실을 믿을 수 없어 다시 바위에 화살을 쏘았는데, 이번에는 화살이 튕겨나갔습니다. 사마천은 『사기』에서 "결과가 다른 것은 과녁을 향한 마음가짐이 달랐기 때문"이라고 해석했지요. '착심着心'을 영어 성경은 'apply your heart'로 표기하는데, '전념'이나 '몰입'을 의미합니다. 오늘도 감사에 착심하는 하루 보내세요.

# 외뇌가 되어라

**너는 전략으로 싸우라 승리는 지략이 많음에 있느니라** 24장 6절

"좌뇌左腦나 우뇌右腦보다 중요한 것이 '외뇌外腦'다."
손정의 소프트뱅크 회장이 세상에 던졌던 화두입니
다. 그렇습니다. 전쟁도, 인생도 개인 경기가 아니지
요. 단독 플레이로는 결코 이길 수 없는 단체 경기가
맞습니다. 영어 성경은 전략과 지략을 사람, 즉 안내
자와 조언자로 묘사하더군요. 그러면서 지혜 있는 사
람과 지식 있는 사람을 안내자와 조언자로 삼을 것을
권합니다. 집단 지능으로 위키피디아를 만들어냈듯
이, 우리 서로에게 승리에 꼭 필요한 외뇌가 되어주는
것은 어떨까요?

# 맛 좋은 인생

경우에 합당한 말은 아로새긴 은 쟁반에 금 사과니라 25장 11절

"날마다 수백 번씩 '감사합니다'라고 말했을 뿐입니다." 역사상 가장 위대한 과학자의 반열에 오른 아인슈타인이 인생 말년에 고백한 성공 비결입니다. 그는 위대한 발견을 위해서 자기보다 앞서 고투한 과학자들의 노고에 고마움을 표시하는 것을 항상 잊지 않았습니다. 그렇게 마음을 열었기에 더 많은 배움과 성취의 기회를 잡을 수 있었지요. 『대학』에 "마음이 없으면 먹어도 그 맛을 알지 못한다心不在焉 食而不知其味"라는 구절이 있습니다. '은 쟁반에 금 사과'처럼 보기도 좋고 맛도 좋은 인생을 살면 좋겠습니다.

# 행인과 주인

장인이 온갖 것을 만들지라도 미련한 자를 고용하는 것은 지나가는 행인을 고용함과 같으니라 26장 10절

나에게 주어진 삶을 '행인'으로 살 것인가, '주인'으로 살 것인가? 짐 머피와 친구는 철도공사에 같은 해 입사한 동기였습니다. 처음에 두 사람은 1달러 75센트를 받으며 힘들게 일했습니다. 23년 후 머피는 철도공사 총재가 되었지만 친구는 여전히 현장에서 일했습니다. 두 사람의 운명이 엇갈린 이유는 무엇이었을까요? 나중에 머피의 친구가 후배에게 고백했습니다. "신입 사원 시절 나는 '1달러 75센트'를 위해 일했지만 짐은 '철로'를 위해 일했다네." 감사의 '징집병'이 아니라 '자원병'이 되어야 합니다.

# 친구

**기름과 향이 사람의 마음을 즐겁게 하나니 친구의 충성된 권고가 이와 같이 아름다우니라** 27장 19절

사회학자 니컬러스 크리스태키스와 정치학자 제임스 파울러는 1971년부터 33년 동안 총 1만 2,067명을 추적해 행복의 생성과 확산에 대해 연구했습니다. 그 결과에 따르면 친구가 행복할 경우 본인이 행복할 확률은 15퍼센트 상승합니다. 나아가 친구의 친구가 행복할 확률도 10퍼센트, 친구의 친구의 친구가 행복할 확률도 6퍼센트나 상승했다고 합니다. 친구의 친구가 금연하면 본인이 금연할 확률도 높았지요. 장수하는 사람과 단명하는 사람의 가장 큰 차이는 친구 수에 있다는 연구 결과도 있습니다. 평생 함께할 수 있는 친구에게 오늘 안부 전화를 해보는 것은 어떨까요?

# 아첨보다 경책

사람을 경책하는 자는 혀로 아첨하는 자보다 나중에 더욱 사랑을 받느니라 28장 23절

유대인은 세계인의 0.2퍼센트에 불과하지만 노벨상 수상자는 22퍼센트나 됩니다. 1901년부터 2011년까지 노벨상 수상자 185명(22퍼센트)을 배출했지요(생리의학상 54퍼센트, 물리학상 49퍼센트, 화학상 32퍼센트, 경제학상 28퍼센트). 기초 과학, 첨단 기술, 사상 예술 부문에서 현저한 공적이 있는 사람에게 수여하는 교토상 수상자의 25퍼센트도 유대인이지요. 유대인의 성공 비결로 주목받는 것이 뻔뻔함, 당돌함을 의미하는 '후츠파'와 토론과 비판을 중시하는 '하브루타'입니다. 무익한 아첨보다 유익한 경책을 사랑하는 사람이 되면 좋겠습니다.

# 인생의 우선순위

묵시가 없으면 백성이 방자히 행하거니와 율법을 지키는 자는 복이
있느니라 29장 18절

"손 안에 얼마나 많은 것을 쥐고 있는가는 그대의 행
복과 아무런 관계가 없다. 마음속에 감사가 없다면 그
대는 파멸의 노를 젓고 있는 것이다. 다른 공부보다
먼저 감사할 줄 아는 방법부터 배워라." 심리학자 제
임스 깁슨이 했던 말입니다. 사람들은 많은 재산을 소
유하면having, 하고 싶은 일을 실컷 할 수 있고doing, 인
간다운 삶도 영위할 것being이라고 생각합니다. 하지
만 그것은 오류이자 착각이라고 현자들은 말합니다.
내 인생의 우선순위를 being, doing, having으로 바
꾸고 감사에 눈뜨기 바랍니다.

# 행복을 앞당겨라

그러므로 자기 행위의 열매를 먹으며 자기 꾀에 배부르리라
1장 31절

어떤 일을 이루는 데 기발한 착상의 역할은 10퍼센트에 불과합니다. 정말 중요한 것은 일단 일을 벌이고 보는 용기(50퍼센트), 시작하면 끝까지 물고 늘어지는 끈기(40퍼센트)라고 합니다. 용기가 꿈에 코치해주는 한 실패는 연기된 성공일 뿐입니다. 끈기의 습관은 곧 승리의 습관입니다. 영어 성경은 행위를 'way', 꾀를 'plan'으로 표기합니다. 좋은 방법과 계획이 있다면 미래가 두렵지 않지요. 자업자득의 용기, 유비무환의 끈기라는 좋은 습관을 발휘해 연기된 성공, 유보한 행복을 하루빨리 앞당기시기 바랍니다.

# 기적의 원천

**근신이 너를 지키며 명철이 너를 보호하여 악한 자의 길과 패역을 말하는 자에게서 건져내리라** 2장 11~12절

환경과 타인을 탓하는 사람은 문제에 집중하지만 스스로 책임지는 사람은 해결에 집중합니다. 결국 문제도, 해답도 열쇠는 나 자신에게 있습니다. "진정한 성실성은 당신이 옳은 일을 하는지 안 하는지 아무도 모를 것이란 사실을 알고도 옳은 일을 하는 것이다." 오프라 윈프리가 했던 말입니다. 그녀는 10대 시절부터 59세가 된 현재까지 하루도 빼놓지 않고 감사 일기를 적어왔습니다. 일기를 적으며 자신이 무엇을 원하는지, 그것을 위해 무엇을 할 것인지 항상 물어봤다고 합니다. '적기'는 '기적'의 원천입니다.

# 인연

사람이 네게 악을 행하지 아니하였거든 까닭 없이 더불어 다투지 말며 3장 30절

"어리석은 사람은 인연을 만나도 몰라보고, 보통 사람은 인연인 줄 알면서도 놓치고, 현명한 사람은 옷깃만 스쳐도 인연을 살려낸다." 피천득의 수필 「인연」에 나오는 말입니다. 이인동심 기리단금 동심지언 기취여란 二人同心 其利斷金 同心之言 其臭如蘭. 풀이하면 '두 사람이 마음을 하나로 모으면 그 날카로움이 쇠를 끊고, 마음을 하나로 모아 말하면 그 향기가 난과 같다' 입니다. 여기서 나온 고사성어가 금란지교 金蘭之交지요. 다툼이 아니라 인연을 살리는 사람, 갈등이 아니라 우의를 전하는 사람이 되면 좋겠습니다.

## 169
# 가장 아름다운 단어

나도 내 아버지에게 아들이었으며 내 어머니 보기에 유약한 외아들이었노라 4장 3절

영국문화원이 영어를 모국어로 쓰지 않는 비영어권 102개 국가의 시민 4만 명을 대상으로 '가장 아름다운 영어 단어'를 꼽아보라는 설문 조사를 실시했는데, 1위부터 10위까지는 다음과 같습니다. ① mother (어머니) ② passion(열정) ③ smile(미소) ④ love(사랑) ⑤ eternity(영원) ⑥ fantastic(황홀) ⑦ destiny(운명) ⑧ freedom(자유) ⑨ liberty(해방) ⑩ tranquility(고요). "신은 모든 곳에 있을 수 없어서 어머니를 보냈다." 『탈무드』에 나오는 말입니다. '신을 대신해 우리를 돌보는 고맙고 소중한 존재'이신 어머니의 은혜를 잊지 않는 자녀가 되겠습니다.

# 고무공처럼

**그의 발은 사지로 내려가며 그의 걸음은 스올로 나아가나니** 5장 5절

실패와 절망의 바닥에 떨어진 사람들은 다양한 반응을 보입니다. 유리 공처럼 그대로 깨져버리는 사람이 있는가 하면, 고무공처럼 곧바로 튀어 오르는 사람도 있지요. 고무공에도 차이는 있습니다. 바람 빠진 공이 떨어지면 바닥에 붙지만 바람을 빵빵하게 넣은 공이 떨어지면 처음보다 더 높이 튀어 오릅니다. 회복 탄력성은 '원래 제자리로 돌아오는 힘'을 일컫는 말인데, 긍정 심리학에서는 '시련이나 고난을 이겨내는 긍정적인 힘'을 의미하는 말로도 쓰입니다. 감사 일기 쓰기, 회복 탄력성을 높이는 가장 좋은 방법입니다.

# 성공의 비결

게으른 자여 네가 어느 때까지 누워 있겠느냐 네가 어느 때에 잠이 깨어 일어나겠느냐 6장 9절

미국 CBS 시사 고발 프로그램 〈60분〉의 프로듀서로 명성을 날렸던 앤드루 랙은 NBC, 소니뮤직, 블룸버그 사장에 잇달아 발탁되는 행운을 누렸습니다. 성공 비결을 묻는 기자에게 그는 두 가지를 말해주었지요. "무언가 배울 수 있는, 재능 있는 사람들 곁에 있기 위해 항상 노력했다. 그리고 끊임없이 배우기 위해 힘썼다. 내가 무엇을 하느냐보다 이것을 통해 내가 무엇을 배우느냐를 지속적으로 고민했다. 그러자 모든 것이 저절로 이루어졌다." 새로운 것을 배울 수 없는 안주보다 더 많은 것을 배울 수 있는 도전을 선택하며 살기 바랍니다.

# 감사 도시

나로 말미암아 왕들이 치리하며 방백들이 공의를 세우며 8장 15절

우리나라에는 감사 도시가 있습니다. 53만 명(국가 인구의 1퍼센트)이 살아가는 경북 포항입니다. 포항은 2012년 3월부터 감사 운동을 도입해 공무원과 시민이 감사 일기(1일 5감), 감사 편지(1월 1감), 감사 표현(전화, 문자)을 실천해왔지요. 감사하는 마음을 표현하자 많은 변화가 일어났습니다. 시민 행복도가 55.8퍼센트 (2012년 8월)에서 62.2퍼센트(2013년 4월)로 높아졌고, 국비 확보 실적도 4,800억 원(2011년)에서 무려 1조 1,781억 원(2013년)으로 상승했습니다. 1퍼센트가 변화해 99퍼센트를 바꾸면 대한민국이 100퍼센트 감사 나라로 변신하지 않을까요?

# 마음 밭 일구기

지혜 있는 자에게 교훈을 더하라. 그가 더욱 지혜로워질 것이요.
의로운 사람을 가르치라. 그의 학식이 더하리라 9장 9절

이 구절의 바로 앞에는 "거만한 자를 책망하지 말라.
그가 너를 미워할까 두려우니라(8절)"라는 내용이, 몇
구절 뒤에는 "네가 만일 거만하면 너 홀로 해를 당하
리라(12절)"라는 대목이 나옵니다. 지혜 있고 의로운
사람이 되기 전에 겸손한 사람이 되어야 하고, 마음
밭을 겸손과 감사로 기경해야 지혜와 의의 씨앗을 파
종할 수 있다는 메시지입니다. 기경起耕은 개간하지
않거나 묵은 땅을 일구는 행위를 뜻합니다. 겸손과 감
사의 기경을 통해 '박토 인생'을 '옥토 인생'으로 바
꾸면 좋겠습니다.

# 174
## 스펀지 같은 사람

훈계를 지키는 자는 생명 길로 행하여도 징계를 버리는 자는 그릇 가느니라 10장 17절

"자신이 옳다고 자만하는 사람보다 무엇이든 배우고 이해하려는 자세를 가진 사람을 뽑는 것이 가장 중요하다." 하버드대 MBA 출신인 아론 산도스키, 브린젝하우어가 공동 저술한 『승자의 결정』에 나오는 구절입니다. 저자들은 인재를 선발할 때 쇳덩이 같은 사람보다 스펀지 같은 사람을 뽑으라고 권유합니다. 쇳덩이 같은 사람은 자신만 옳다고 믿기 때문에 다른 의견을 튕겨내 버립니다. 하지만 스펀지 같은 사람은 다른 의견도 흡수해 자기 것으로 만듭니다. 스펀지처럼 포용력 있는 사람이 되기를 소망합니다.

# 175
## 재미있고 신명나게

**악인의 삯은 허무하되 공의를 뿌린 자의 상은 확실하니라** 11장 18절

심리학자 해리 할로는 붉은털원숭이를 두 개의 그룹
으로 나눈 다음 퍼즐을 풀게 했습니다. A 그룹은 퍼즐
을 풀 때마다 주스를 줘서 보상 체계에 길들였지만, B
그룹은 주스가 있다는 사실도 몰랐지요. 그런데 예상
을 깨뜨리는 놀라운 결과가 나왔습니다. 보상을 받지
않은 B 그룹이 퍼즐을 더 빨리 풀었던 겁니다. 나중에
그 이유가 밝혀졌지요. 주스를 바라고 퍼즐을 푼 A 그
룹은 시간이 지날수록 부정적인 마음도 커져 실패 확
률이 높아진 겁니다. 재미있고 신명나게 살아가는 자
발적 동기 부여의 원리에 눈떠야 합니다.

## 176
# 물음표를 보내면

악인의 말은 사람을 엿보아 피를 흘리자 하는 것이거니와 정직한
자의 입은 사람을 구원하느니라 12장 6절

한 여학생이 심각한 표정으로 독백합니다. "많이 힘
들어." 그때 친구가 다가가 정답게 묻습니다. "많이
힘들어?" 백발의 노인이 벤치에 앉아 한숨을 쉬며 중
얼거립니다. "우울해." 그때 친구가 다가가 가볍게 묻
습니다. "우울해?" 한 중년의 남자가 거실 탁자 앞에
서 손을 이마에 대고 속삭입니다. "고민 있어요." 그
때 아내가 다가가 부드러운 목소리로 묻습니다. "고
민 있어요?" 어느 공익 광고의 도입부입니다. 아픔,
우울, 고민의 독백을 기쁨, 환희, 희망의 합창으로 바
꾼 것은 공감의 물음표였지요. 물음표를 보내면? 느
낌표가 옵니다!

# 말하는 대로

사람은 입의 열매로 인하여 복록을 누리거니와 마음이 궤사한 자는
강포를 당하느니라 13장 2절

작은 트럭으로 토스트를 팔다가 석봉토스트 신화를
창조한 김석봉 사장의 성공 비결은 '3뻐 정신'에서 출
발했지요. 김 사장은 아침마다 거울 앞에서 이렇게 외
쳤습니다. "나는 바뻐! 나는 기뻐! 나는 예뻐!" 그러자
놀라운 일이 일어났지요. 바쁘다고 말하니 고객이 인
산인해人山人海 몰려들었고, 기쁘다고 말하니 좋은 일
이 우후죽순雨後竹筍처럼 생겨났고, 예쁘다고 말하니
자신감이 역발산기개세力拔山氣蓋世처럼 솟아났던 겁니
다. 아브라카다브라Abracadabra. '말하는 대로 이루어
진다'는 뜻의 히브리어입니다. 오늘도 말의 씨를 뿌
리겠습니다.

# 타인을 대할 때

가산이 적어도 여호와를 경외하는 것이 크게 부하고 번뇌하는 것보
다 나으니라 15장 16절

『잡보장경』에 나오는 무재칠시無財七施는 재산이 없어
도 남에게 베풀 수 있는 일곱 가지 미덕을 가리킵니
다. ① 신시身施: 몸으로 하는 봉사 ② 심시心施: 타인이
나 다른 존재에 자비심을 지니는 것 ②안시眼施: 온화
한 눈길을 지니는 것 ④화안시和顏施: 부드럽고 온화한
얼굴을 항상 지니는 것 ⑤언시言施): 친근미 넘치는 언
어로 말하는 것 ⑥상좌시牀座施: 자기 자리를 양보하는
것 ⑦방사시房舍施: 내 집을 남에게 숙소로 제공하는
것. 무재칠시는 마음만 먹으면 누구나 행할 수 있지
요. 여호와를 경외하듯 타인을 대해야 합니다.

# 진실과 거짓

하나님의 말씀이 왕의 입술에 있은즉 재판할 때에 그의 입이 그르치지 아니하니라 16장 10절

송나라 고헌지가 건강 현령일 때의 일입니다. 암소 한 마리를 두고 두 사람이 서로 자기가 주인이라고 다투었습니다. 한 명은 주인이고 또 한 명은 도둑이 분명한데, 두 사람은 한 치의 양보도 없었지요. 난감한 소송을 맡은 고헌지는 아전에게 명령했습니다. "당장 암소의 고삐를 풀어주어라. 그리고 소가 가는 대로 내버려두어라." 그러자 암소는 자기의 주인이 사는 집으로 돌아갔고, 주인과 도둑이 명쾌하게 가려졌습니다. 정약용의 『목민심서』에 소개된 고사입니다. 진실과 거짓을 구별할 혜안을 지니시기 바랍니다.

# 감사로 세차하기

**지혜는 명철한 자 앞에 있거늘 미련한 자는 눈을 땅끝에 두느니라**
17장 24절

"작은 것에 감사하는 것, 따뜻한 영혼과 인사하는 것, 그것은 축복이고 행복이다." 김향숙의 『꿈으로 차려 놓은 밥상』에 나오는 구절입니다. 여기에는 '폐차를 앞둔 중고차를 세차하는 사람'이 등장합니다. 보통 사람은 똥차 취급을 하지만 이 사람은 자신과 동고동락한 것, 아무 사고가 없었던 것에 감사했습니다. 그리고 마치 살아있는 사람을 목욕시키듯 세차했지요. 일상의 소소한 것을 통해 인사하는 행복은 땅끝이 아니라 눈앞에 있지요. '세차'하면 '새 차' 되는 것처럼 우리 일상도 감사로 세차해야 합니다.

# and의 시대

무리에게서 스스로 갈라지는 자는 자기 소욕을 따르는 자라 온갖
참 지혜를 배척하느니라 18장 1절

"19세기가 '이것이냐 저것이냐'의 세기였다면, 20세
기는 '이것과 저것'의 시대가 될 것이다." 추상화의
창시자인 칸딘스키가 했던 말입니다. 『브리꼴레르』
의 저자인 유영만 한양대 교수도 양자택일兩者擇一에서
양단불락兩端不落의 시대로 변화했다는 사실을 직시하
라고 했지요. 역사의 문법이 either A or B에서 both
A and B로 바뀌었다는 말입니다. 바다와 육지에 동
시에 뿌리를 내리고도 죽지 않는 맹그로브 나무처럼,
"모든 경계에는 꽃이 핀다"라고 노래했던 어느 시인
처럼 분열이 아닌 융합 인생을 꿈꿔봅니다.

# 우문현답

사람이 미련하므로 자기 길을 굽게 하고 마음으로 여호와를 원망하느니라 19장 3절

"난 탐험가가 아니거든. 나는 탐험가와는 거리가 멀어. 지리학자는 도시나 강과 산, 바다와 태양과 사막을 돌아다니지 않아. 지리학자는 아주 중요한 사람이니까 한가로이 돌아다닐 수 없지. 서재를 떠날 수가 없어." 『어린 왕자』에 등장하는 지리학자가 했던 말입니다. 탐험이 없는 지리학, 윤리가 없는 윤리학은 본질과 정체성을 잃어버린 채 정신없이 살아가는 현대인의 일그러진 자화상이기도 합니다. 방황해야 방향이 잡히고 절벽에 서야 새벽이 보입니다. 우문현답(우리의 문제는 현장에 답이 있다)에서 희망의 단서를 찾으세요.

# 183
## 시발역이 되어라

사람의 걸음은 여호와로 말미암나니 사람이 어찌 자기의 길을 알
수 있으랴 20장 24절

중심은 변화를 거부하고 주변을 동화시키려 합니다.
변방에서 변화가 일어나는 이유가 여기 있지요. 어떤
길을 걷느냐에 따라서 운명도 바뀝니다. 분단 체제에
서 경기도와 강원도 북부는 변경이지만 통일이 되면
중앙으로 바뀝니다. 한반도에서 충청도와 전라도 해
안은 주변부지만 동아시아로 시야를 확대하면 환황
해권의 여의주가 됩니다. 부산역은 경부선의 종착역
에 불과하지만 한반도 종단 철도TKR와 시베리아 횡
단 철도TSR가 연결되는 순간 유라시아를 연결하는 시
발역이 됩니다. 우리는 어떤 길을 걸어야 할까요?

## 184
# 시간을 느껴라

**슬기로운 자는 재앙을 보면 숨어 피하여도 어리석은 자는 나가다가 해를 받느니라 22장 3절**

중국에선 19세기까지 향인香印이란 시계를 썼는데, 향을 피우고 남은 재의 무게와 향기의 농도로 시간을 측정했다고 합니다. 달력과 시계에 나타난 숫자로 시간을 측정하기 시작하면서 시간의 무게와 향기는 실종되고 말았지요. 이제 사람들은 가쁜 숨을 몰아쉬며 "시간이 없다"라고 한탄할 뿐 시간을 느끼려는 노력은 하지 않습니다. 하이데거는 "한발 물러서는 멈춤 속에서 비로소 전진의 과정에 폐쇄되어 있던 정적의 소리가 들린다"라고 했습니다. 멈춤과 사색을 통해 시간의 무한한 확장을 느끼는 하루 보내세요.

# 생각의 점수

진리를 사되 팔지는 말며 지혜와 훈계와 명철도 그리할지니라
**23장 23절**

성공＝생각×열정×능력. 교세라 창업주이자 일본항공 대주주로 일본에서 '경영의 신'으로 불리는 이나모리 가즈오가 제시한 성공 공식입니다. 그는 능력과 열정에는 0부터 100까지, 생각에는 -100에서 +100까지 가중치를 부여합니다. 예컨대 불평, 분노, 미움 등 부정적 사고를 지니고 있으면 생각의 점수는 마이너스가 되어야 한다는 겁니다. 그러니까 생각을 바꾸지 않는 한, 능력과 열정이 크면 클수록 도리어 치명적인 마이너스 점수를 받지요. 긍정적 생각을 키워주는 감사를 사되 팔지 않는 인생을 살아야겠습니다.

# 지식이 쌓이면

이는 다 총명 있는 자가 밝히 아는 바요 지식 얻은 자가 정직하게
여기는 바니라 8장 9절

히로나카 헤이스케는 어려운 수학 문제를 잘 풀어서
'수학 노벨상' 필즈상을 받았던 일본의 수학자입니
다. 그는 난제를 만나면 오히려 차원을 높여 간단히
풀어가는 탁월한 능력을 지녔지요. 그는 이런 말을 했
습니다. "복잡한 현상이란 단순한 사실의 투영에 지
나지 않는다." 일본 장기의 명인 마스다 고조도 이런
말을 남겼습니다. "대국의 고비마다 다음 수가 번뜩
떠올랐지만 신중하게 장고해 몇십 수를 더 읽었다. 그
러나 결국에 보니 최초에 순간적으로 떠오른 것이 가
장 좋은 수였다." 총명과 지식이 쌓이면 직관과 지혜
가 분출됩니다. 오늘도 장고 끝에 악수 두는 일이 없
기를!

# 187
## 이타적 유전자

환난 날에 진실하지 못한 자를 의뢰하는 것은 부러진 이와 위골된
발 같으니라 25장 19절

일벌은 자기 새끼를 직접 낳아 기르지 않고 여왕벌이
낳은 새끼를 정성껏 돌봅니다. 파수꾼 역할을 맡은 몽
구스는 동료들이 마음 놓고 식량을 찾는 일에 전념할
수 있도록 배려하다가 정작 자신은 굶주리지요. 심지
어 몽구스의 67퍼센트가 망보는 일을 하다가 죽는다
고 합니다. 땅다람쥐는 천적을 발견하면 자신이 잡아
먹히는 것을 감수하고서라도 소리를 크게 질러 무리
를 대피시킵니다. 부러진 이로는 건강을 유지할 수 없
고, 위골된 발로는 멀리 갈 수 없습니다. 누군가 필요
할 때 의지할 수 있는 이타적 유전자의 소유자가 되면
좋겠습니다.

# 행복의 재능

네가 스스로 지혜롭게 여기는 자를 보느냐 그보다 미련한 자에게
오히려 희망이 있느니라 26장 12절

한국 작가 정이현이 물었습니다. "노력하면 정말 행
복해질 수 있을까요?" 『꾸뻬 씨의 행복 여행』 저자이
자 프랑스의 정신과 의사인 프랑수아 를로르가 답했
습니다. "중요한 것은 불행이 삶의 일부라는 것을 인
정하고 수용해야 한다는 점입니다. 사람이 항상 행복
할 수는 없지요. 항상 행복하다면 그것은 행복의 폭정
입니다. 실패나 어려움을 유난히 잘 받아들이는 사람
이 있는데, 그것도 행복의 재능이라면 재능이겠지
요." 불행, 실패, 어려움을 배움과 도전의 기회로 삼는
다면 행복의 선정도 가능하겠지요?

# 곱게 보면

분은 잔인하고 노는 창수 같거니와 투기 앞에야 누가 서리요
27장 4절

"밉게 보면 잡초 아닌 풀이 없고, 곱게 보면 꽃 아닌 사람이 없다. 털려고 하면 먼지 없는 사람이 없고, 덮으려고 들면 못 덮을 허물이 없다. 겸손은 사람을 머물게 하고, 칭찬은 사람을 가깝게 한다. 넓은 마음은 사람을 따르게 하고, 깊은 마음은 사람을 감동시킨다." 누군가 메일로 보내준 글인데, 출처를 『목민심서』라고 밝혔네요. 때로는 질투의 시력이 떨어져 타인의 단점을 보지 못하는 사람이면 좋겠습니다. '분노의 육안'이 아니라 '감사의 심안'으로 보려고 노력하면 상대의 장점이 잘 보이겠지요?

# 민들레 홀씨처럼

주권자에게 은혜를 구하는 자가 많으나 사람의 일의 작정은 여호
와께로 말미암느니라 29장 26절

'닥치는 대로 살아라!' 청호연수원 석비에 새겨진 문
구라고 합니다. 결코 대충 살라는 말이 아니지요. 너
무 철저하게 계획을 세우다가 정작 시작도 못할 수 있
다는 역설적 경고입니다. 계획이 완벽할수록 우연한
행운과 조우할 기쁨은 줄어듭니다. 일상은 성실하게
살아가되, 인생은 닥치는 대로 사는 것이 지혜로운 방
법일 수도 있습니다. 각본 없는 드라마가 더 큰 감동
을 주는 법. 우주의 법칙만 믿고 민들레 홀씨처럼 대
책 없이 떠나는 사람이 새로운 기회의 땅을 얻을 수
있습니다.

# 작은 거인

땅에 작고도 가장 지혜로운 것 넷이 있나니 30장 24절

"밥상이 달라졌어요." "결혼 16년차 아내와 손잡고 거리를 다녀요." "아이가 현관까지 나와서 인사해요." "아이가 먼저 공부하고 싶다며 독서실 티켓을 끊어 달라고 하네요." "일터에서 반원들과 사이가 좋아졌고 갈등도 해소되었지요." 삼성중공업 직원들이 고백한 감사 나눔 이후의 변화입니다. 감사 표현과 쓰기의 효과는 강력합니다. "우리 아이가 달라졌어요." "닭살 부부가 되었어요." "출근할 때 콧노래가 나옵니다." 이런 고백이 끊임없이 나오니까요. 감사 지혜를 터득한 작은 거인이 더 많으면 좋겠습니다.

# 192
# 인사는 기본

**그는 곤고한 자에게 손을 펴며 궁핍한 자를 위하여 손을 내밀며**
31장 20절

내가 다니는 회사는 건물 9층에 있습니다. 어느 날 엘리베이터가 8층에서 멈추더니 한 여고생이 탔습니다. 경리 면접시험을 마치고 돌아가는 길이라기에 이런 덕담을 건넸지요. "학생 관상을 보니 꼭 합격하겠어요. 취직하면 우리 인사하며 지내요." 잔뜩 굳었던 학생의 얼굴이 순간 활짝 펴졌습니다. 감사하며 살면서 나타난 변화 중 하나가 오지랖 넓은 아저씨가 되었다는 겁니다. 뒤에 오는 사람을 위해 출입문을 살짝 잡아주고, 출근하며 수위 아저씨와 청소부 아주머니에게 밝은 목소리로 인사하는 것은 기본이지요. 작은 친절과 배려, 감사 생활의 기본 아닐까요?

# 성장하고 나눠라

이익을 탐하는 모든 자의 길은 다 이러하여 자기의 생명을 잃게 하느니라 1장 19절

"인생의 목적은 이기는 것이 아니다. 인생의 목적은 성장하고 나누는 것이다. 인생에서 해온 모든 일을 되돌아볼 때, 당신은 다른 사람보다 잘하고 그들을 이긴 순간보다 그들의 삶에 기쁨을 준 순간을 회상하며 더 큰 만족을 얻을 것이다." 위대한 랍비 해럴드 쿠시너의 말입니다. 성공과 독점은 결국 파멸을 부를 뿐이니 생명을 잃지 않으려면 성장과 나눔에 눈떠야 합니다. "손님이 오지 않는 집에는 천사도 오지 않는다"라는 사우디아라비아 속담이 모든 것을 말해주지요. 성공보다 성장에 초점을 맞추는 인생을 살아야겠습니다.

# 상처 없는 성장은 없다

**곧 지혜가 네 마음에 들어가며 지식이 네 영혼을 즐겁게 할 것이요**
**2장 10절**

"고욤 일흔이 감 하나만 못하다"라는 속담이 있습니다. 자질구레한 것들을 아무리 많이 모은다 해도 귀한 물건 하나를 못 당한다는 뜻이지요. 고욤처럼 하찮은 인생을 끝내고 싶다면 이렇게 해보세요. 우선 고욤나무에 상처를 낸 다음 그곳에 감나무 가지를 붙이고 꽁꽁 묶어둡니다. 그러면 가을에 나무에서 감이 열립니다. 타인의 지식과 지혜를 감사한 마음으로 접목하고 이식할 때 성장합니다. 하지만 여기엔 분명한 전제가 있습니다. 고욤 같은 협량, 아집, 편견을 버려야 한다는 것이지요. 상처 없는 성장은 없습니다.

# 매일매일 조금씩

그의 오른손에는 장수가 있고 그의 왼손에는 부귀가 있나니
3장 16절

모네가 수련을 그리기 시작한 것은 76세 때였고, 벤저민 프랭클린이 2초점 안경을 발명한 것은 78세 때였고, 세계적인 무협 소설가 진융이 역사학을 공부하기 위해 영국으로 유학을 떠난 것은 81세 때였습니다. 백발의 노인이 되어서도 시를 쓰고 후학을 가르치며 청년처럼 살았던 시인 롱펠로는 '젊게 사는 비결'을 묻는 질문에 이렇게 답변했지요. "나는 나이를 떠올리는 대신 매일매일 내가 조금씩 성장하고 있음을 자주 생각한다." 의미 있는 인생을 살기 위한 도전을 멈추지 않는 한, 우리도 계속 성장하지 않을까요?

# 행복은 접속사

**그를 높이라 그리하면 그가 너를 높이 들리라 만일 그를 품으면 그가 너를 영화롭게 하리라 4장 8절**

"개인적 행복이라는 건 존재하지 않는다. 행복은 철저히 관계 속에 존재한다." 경제 중심의 세계 국가 순위GDP를 거부하고 행복 지수를 도입한 부탄의 학자 다쇼 카르마 우라가 했던 말입니다. 세계 10개국을 돌면서 행복의 의미를 취재한 에릭 와이너는 이 말을 화두 삼아 숙고한 끝에 다음과 같은 결론을 내렸지요. "우리의 행복은 전적으로, 철저히 다른 사람들과 관련되어 있다. 행복은 명사도, 동사도 아니다. 접속사다." 불행한 사회와 행복한 개인의 공존은 불가능합니다. 감사 나눔이 사회와 개인을 하나로 연결하는 접속사면 좋겠습니다.

# 감사가 넘치면

그는 생명의 평탄한 길을 찾지 못하며 자기 길이 든든하지 못하여
도 그것을 깨닫지 못하느니라 5장 6절

'감사 전도사'로 활약 중인 유지미 기자가 최근 한 교
도소를 방문했습니다. "지금 행복한 사람 손들어보세
요." 이렇게 부탁하자 앞줄에 앉아 있던 두 명의 재소
자가 손을 들었습니다. 며칠 후에 국내 최고 연봉을
자랑하는 대기업에 가서 같은 질문을 던졌습니다. 놀
랍게도 두 명의 직원만이 손을 들었습니다. "일이 즐
거우면 인생은 낙원이지만 일이 의무가 되면 인생은
지옥이다." 러시아 작가 막심 고리키의 말입니다. 감
사가 넘치면 감옥도 낙원이 되고, 감사가 없으면 왕궁
도 지옥이 됩니다. 우리의 삶터에 감사와 즐거움이 넘
치면 좋겠습니다.

# 빛보다 그늘

노루가 사냥꾼의 손에서 벗어나는 것같이, 새가 그물 치는 자의 손에서 벗어나는 것같이 스스로 구원하라 6장 5절

"뉴질랜드의 국조 키위 새는 날개가 있어도 날지 못합니다. 천적이 없어 오랫동안 날지 않아 퇴화한 것이지요. 지금 우리를 힘들게 하는 것은 우리 꿈의 날개가 퇴화하지 않도록 하는 고마운 천적 아닐까요." 지하철 플랫폼에서 읽은 이야기입니다. 어쩌면 빛보다 그늘이, 환희보다 슬픔이 우리를 더 성장시킬지도 모릅니다. 결국 중요한 것은 긍정적 해석입니다. 대다수 사람은 위기를 '위험한 시기'로 인식하지만 천적에게조차 감사할 줄 아는 사람은 '위대한 기회'로 해석합니다. 오늘도 감사로 진화하는 하루 보내세요.

# 고전을 옆에 두라

내 계명을 지켜 살며 내 법을 네 눈동자처럼 지키라 7장 2절

"고전이란 바로 다시 읽고 또 다시 읽는 책, 읽을 때마다 새로워지는 그런 책이 아니겠는가." 문학 평론가 김화영의 『바람을 담는 집』에 나오는 말입니다. 전쟁이 일어나면 동서양의 지휘관 중에는 중국의 고전에 심취한 사람이 많았습니다. 인간의 지식을 넘어선 것에 판단을 요구하는 극한적 상황, 전진하는 것이 옳은지 후퇴하는 것이 옳은지 신만이 알 수 있는 결정적 순간에 명령을 내려야만 했던 그들은 인간의 도리에 대한 가르침을 고전에서 구했던 것이지요. 지혜의 보고인 고전을 옆에 두고 인생의 활로를 찾기를 바랍니다.

# 200
# 모든 것에 감사하라

**내가 보고 생각이 깊었고 내가 보고 훈계를 받았노라 24장 32절**

"상사가 '하라'고 지시하고 직원이 '알겠다'고 한다면 30퍼센트 성공 가능성이 있다. '할 수 있겠나?'라고 물었을 때 '열심히 해 보겠다'고 한다면 50퍼센트 성공률을 점칠 수 있다. 그런데 직원 스스로 나서서 '내 일이다. 어떻게든 완수하겠다'고 한다면 성공률은 90퍼센트를 넘어선다." 이나모리 가즈오가 『일심일언』에서 한 말입니다. 그는 자발적 동기 부여를 유도하는 리더가 되려면 '일월이독—月二讀(한 달에 책 2권 읽기)'과 '깊이 생각하기'를 실천하라고 강조했지요. 우리에게 보이고, 숙고하게 하고, 훈계를 던져주는 세상의 모든 것들에 감사해야 합니다.

지혜는 명철한 자의 마음에 머물거니와
미련한 자의 속에 있는 것은 나타나느니라.
Wisdom reposes in the heart of the discerning and
even among fools she lets herself be known.
14장 33절

Power of Proverbs

다섯 번째 잠언力

# 따뜻한 나를 위한
# 배려의 힘

regard

# 일단 멈추라

도둑질한 물이 달고 몰래 먹는 떡이 맛이 있다 하는도다 9장 17절

"길앞잡이는 사람이 다가가면 아주 멀리도 아니고 거듭 쫓아가기 딱 알맞을 만큼만 푸르르 날아간다. 사방을 구별하기 힘든 애리조나 사막에서 나는 길앞잡이의 유혹에 이끌려 점점 더 사막 한가운데로 들어가다 길을 잃곤 했다." 동물 행동학의 세계적 권위자인 최재천 교수의 말입니다. 유혹에 이끌려 방향을 잃겠다 싶을 때는 일단 멈춰보세요. 멈추면 안 보이던 많은 것이 보입니다. 한숨을 길게 내쉬고 하늘을 쳐다보면 북극성도 있겠지요? 가장 강한 사람은 타인과 싸워서 이기는 사람이 아니라 자기와 싸워서 이기는 사람입니다.

# 미치면 이긴다

의인을 기념할 때에는 칭찬하거니와 악인의 이름은 썩게 되느니라
10장 7절

병조참판 황수신이 왕에게 고했습니다. "병사들이 벼슬하고 나면 무예를 게을리합니다. 벌점제를 시행해 게으른 자들을 경계하소서." 세종 밑에서 30년 동안 제왕 수업을 받고 등극한 문종이 답했습니다. "게으른 자에게 벌점을 주는 것보다 열심인 자에게 가산점을 주는 것이 낫소. 그러면 다투어 훈련에 힘쓰지 않겠소?" 똑같은 문제지만 해법은 전혀 다릅니다. "지치면 지고 미치면 이겨." 영화 〈감시자들〉에서 황 반장(설경구)이 했던 말입니다. 불광불급不狂不及. 지치게 만드는 리더가 아니라 미치게 만드는 리더가 많으면 좋겠습니다.

# 축복의 정의

성읍은 정직한 자의 축복으로 인하여 진흥하고 악한 자의 입으로 말미암아 무너지느니라 **11장 11절**

'청룡부대'라는 애칭으로 유명한 해병대 2사단 포1대대 장병들과 '단어 하나로 감사 정의 내리기' 게임을 했습니다. 그러자 이러한 답이 나왔지요. 경례: 경례와 감사는 매일 해야 하니까(병장 김회성). 방패: 관계는 견고하게 지켜주고 갈등은 사전에 차단해주니까(상병 장태민). 철모: 막상 쓸 때는 귀찮지만 쓰고 나면 위험에서 날 보호해주니까(일병 이우승). 수류탄: 스트레스를 한 방에 날려버리니까(일병 최태섭). 패스: 서로 주고받다 보면 슛할 찬스도 얻고 골도 넣을 수 있으니까(일병 박경윤). 정의正義와 정의情意는 올바른 정의定義에서 출발합니다. 저주가 아닌 축복의 정의定義로 감사 철학을 정립해보세요.

# 숨기는 미덕

슬기로운 자는 지식을 감추어도 미련한 자의 마음은 미련한 것을 전파하느니라 12장 23절

"팔딱팔딱 날아갈 듯 기운이 몹시 세어 / 열 자 높이 폭포조차 훌쩍 뛰어 올라가네 / 앞으로만 나가고 물러서지 못하나니 / 넓은 바다 푸른 파도는 영영 가지 못하리라." 고려 후기 학자 안축이 영동 지방을 여행하다 지은 한시 「송어松魚」입니다. 오로지 앞으로만 나아가고 뒤로는 조금도 물러서지 못하는 송어에게 드넓은 바다를 헤엄칠 자유는 영영 오지 않을 것입니다. 한사코 상류로만 오르려는 억센 욕망이 빚어낸 비참한 결말에서 안축은 인간사를 읽어냈지요. 때로는 드러내고 나타내는 것보다 숨기고 감추는 미덕이 필요합니다. '부지퇴不知退'의 인생에서 벗어나려면 '퇴일보退一步'의 지혜를 배워야 합니다.

# 주변을 돌아보라

지혜 있는 자의 교훈은 생명의 샘이니 사망의 그물에서 벗어나게
하느니라 13장 14절

나르키소스는 사냥을 나갔다가 샘물에 비친 자신의
얼굴을 숲속의 요정이라 여기고 사랑에 빠졌습니다.
하지만 포옹을 하려고 손을 내밀 때마다 사라지는 바
람에 샘가를 떠날 수 없었지요. 나르키소스가 이룰 수
없는 사랑을 갈망하다 애절하게 죽어간 자리에 피어
난 꽃이 수선화입니다. 자기애에 빠진 나르키소스에
게 꽃과 나비, 햇살과 바람 등 샘물 주변의 아름다운
것들은 아무런 의미가 없었지요. 타인과 주변을 돌아
보지 못하는 극단적 자기애, 즉 나르시시즘Narcissism
은 비극적 파멸을 낳을 뿐입니다. 생명의 샘을 세상과
나누는 사람이 되면 좋겠습니다.

# 기본과 디테일

거만한 자는 지혜를 구하여도 얻지 못하거니와 명철한 자는 지식
얻기가 쉬우니라 14장 6절

"천하의 이치상 본本과 말末, 대大와 소小가 떨어진 적
이 없다. 치가 잘못된 자尺는 자 구실을 할 수 없고,
눈금이 잘못된 저울은 저울 구실을 할 수 없다. 그물
눈이 제대로 되어 있지 않은데도 벼리가 제 구실을 하
는 경우란 없다." 조선 후기 실학자 유형원의 『반계수
록』에 실린 「서수록후書隨錄後」의 한 구절입니다. 엔진
의 작은 나사 하나만 빠져도 비행기가 날지 못하듯이
겸손의 미덕이 없으면 사람도 제 구실을 못합니다. 기
본ABC과 디테일D을 갖춘 사람이 큰일을 할 수 있습
니다. 유능한 사람이 되기 전에 ABCD를 갖추어야 합
니다.

# 듣는 것은 예술이다

**생명의 경계를 듣는 귀는 지혜로운 자 가운데에 있느니라** 15장 31절

"그들은 짓궂은 장난을 하며 놀기도 했지만, 또 전혀 놀지 않고도, 전혀 말하지 않고도 같이 있을 수 있었다. 왜냐하면, 함께 있으면서 전혀 지루한 줄 몰랐기 때문이다. 그들은 정말로 좋은 친구였다." 프랑스 작가 장 자끄 상뻬가 쓰고 그린 『얼굴 빨개지는 아이』의 한 대목입니다. 대화는 입으로만 하는 것이 아닙니다. 때로는 귀의 역할이 더 크지요. 말하는 것은 기술이고 듣는 것은 예술입니다. 심지어 눈으로 말할 때도 있지요. 서로 눈빛만 나누고도 마음이 통합니다. 생명의 경계를 듣는 귀가 좋은 친구를 만듭니다.

## 208
# 사람 옆에 사람

의로운 입술은 왕들이 기뻐하는 것이요 정직하게 말하는 자는 그들의 사랑을 입느니라 16장 13절

무대에 젊은 여성이 올라오면 총각이 됩니다. 어린이가 나오면 인자한 할아버지가 됩니다. 소방관이 나오면 엄격한 소방서장이 됩니다. 토속 음식이 나오면 감탄사를 연발하는 시식가가 됩니다. 25년 동안 국민 프로그램 〈전국노래자랑〉 진행을 맡아 온 88세 현역 방송인 송해 이야기입니다. 서두르지 않고 한 박자씩 쉬어 가며 오만을 떨지 않고 출연자 눈높이에 맞추니 시청자는 산책을 나온 것처럼 편안합니다. 사람 위에 사람 없고 사람 밑에 사람 없습니다. 오로지 사람 옆에 사람이 있을 뿐입니다. 이웃 사람들과 희로애락을 나누는 의인이 많으면 좋겠습니다.

# 감사의 반대말

미련한 아들은 그 아비의 근심이 되고 그 어미의 고통이 되느니라
17장 25절

"나에게 밥 한 번 사준 친구와 선배들이 고마워 답례
하려고 불러냈지요. 그러나 날 위해 매일 밥을 짓는
당신이 고맙다고 생각해본 적은 없었습니다. 친구와
애인에게는 사소한 잘못 하나도 즉각 사과하고 용서
를 구했습니다. 그러나 당신에게 한 잘못은 셀 수도
없이 많았건만 용서를 구해본 적이 없었습니다." 〈서
울여대 사랑의 엽서 공모전 대상작〉이라는 제목으로
인터넷에 떠도는 글의 일부입니다. 물론 여기서 '당
신'은 어머니를 가리킵니다. 감사의 반대말은 어쩌면
'당연하게 여기는 것'인지도 모르겠습니다. 당연한
것을 특별한 것으로 여기며 살기를 소망합니다.

## 210
# 괜찮다고 하지 마라

송사에서는 먼저 온 사람의 말이 바른 것 같으나 그의 상대자가
와서 밝히느니라 18장 17절

2008년 미국 대선 유세장에서 있었던 일입니다. 공화
당 후보 존 매케인의 지지자가 "오바마는 아랍인"이
라고 공격하자 매케인이 저지하며 말했습니다. "아
뇨, 당신의 발언에는 절대 동의할 수 없군요. 나의 경
쟁자이지만 오바마가 훌륭한 미국 시민이라는 사실
은 조금도 의심할 수 없지요." 노론과 맞선 남인의 영
수 허목의 『기언서記言序』에는 이런 말이 나옵니다.
"괜찮다고 하지 마라. 그 화가 길고 크리라勿謂何害 其禍
長大." 중요한 것은 편당과 선동이 아니라 관용과 진실
입니다. 설사 같은 편이라도 옳지 않은 것은 옳지 않
다고 말하는 용기가 있으면 좋겠습니다.

# 3차원 감사

너그러운 사람에게는 은혜를 구하는 자가 많고 선물 주기를 좋아하는 자에게는 사람마다 친구가 되느니라 19장 6절

글로벌 기업 3M의 명칭에는 1902년 미네소타Minnesota 주에서 광산업Mining으로 출발한 제조업Manufacturing 회사라는 의미가 담겼습니다. 한 직원이 접착제를 연구하다 우연히 개발한 '포스트잇'이 미국의 작은 시골 기업을 세계 초일류 기업으로 도약하게 만들었지요. 이 실패작은 다른 기업 같았으면 곧바로 쓰레기통에 처박혔을 겁니다. 하지만 3M에는 실수를 용인하고 권장하는 문화가 있었기에 공전의 히트를 기록한 대표작을 만들 수 있었지요. 성공하고 싶습니까? 사랑받고 싶습니까? 그렇다면 주변 사람에게 '3차원in spite of 감사'를 선물해보세요.

## 212
# 존중의 씨를 뿌려라

비록 아이라도 자기의 동작으로 자기 품행이 청결한 여부와 정직한 여부를 나타내느니라 20장 11절

"자녀에게 지금까지 한 번도 반말을 쓴 적이 없다. 중학생인 우리 아이들을 부를 때 항상 '최민서 씨', '최윤서 씨'라고 말한다. 일방적으로 지시한 적도 없다. 모든 문제를 아이들과 상의해 결정한다." 연예계의 바른 생활 사나이로 유명한 탤런트 최수종의 고백입니다. 제가 대학 강의를 시작하며 세웠던 원칙 중 하나도 반말 안 쓰기였습니다. 학생들을 호명할 때는 반드시 '안선주 씨', '홍보나 씨'라고 불렀지요. 자신이 존중받는다고 느껴본 사람이 타인을 존중하게 된다고 믿었기 때문입니다. 가정, 학교, 일터에 존중의 씨가 더 많이 뿌려지기를 소망합니다.

# 행복의 체온

귀를 막고 가난한 자가 부르짖는 소리를 듣지 아니하면 자기가 부르짖을 때에도 들을 자가 없으리라 21장 13절

"우리들이 이 순간 행복하게 웃고 있는 것은 이 세상 어딘가에서 까닭 없이 울고 있는 사람의 눈물 때문이다(최인호의 『인생』 중에서)." "사람의 마음과 마음은 조화만으로 이뤄진 것이 아니다. 오히려 상처와 상처로 깊이 연결된 것이다(무라카미 하루키의 『색채가 없는 다자키 쓰쿠루와 그가 순례를 떠난 해』 중에서)." "온 우주는 모든 게 서로 딱 들어맞게 되어 있어요. 한 조각이라도 빠지면, 우주 전체가 무너져버리지요(영화 〈비스트〉 중에서)." 이웃의 눈물과 상처를 보듬어야 비로소 우리의 행복과 조화도 체온을 유지합니다. 연민은 연대의 출발입니다.

# 214
# 거름이 되는 사람

많은 재물보다 명예를 택할 것이요 은이나 금보다 은총을 더욱 택할
것이니라 22장 1절

"여러분이 돈을 벌고 사다리를 올라가는 동안 많은
표지판이 보이겠지만, 여러분의 정체성은 무엇이고
어떻게 살아가야 하는지 보여주는 표지판은 아주 드
물다." 미국의 언론인 아리아나 허핑턴이 스미스대
졸업식 축사에서 했던 말입니다. 모두를 위해 '거름'
이 되려는 사람이 성공을 향한 '걸음'도 힘차게 내디
딜 수 있기를 소망합니다. "냉소주의자들의 말을 듣
지 마라. 그들은 내 세대에도 틀렸지만 당신 세대에도
마찬가지다." 조 바이든 미국 부통령이 펜실베이니아
대 졸업식 축사에서 했던 말입니다. 부정의 '관습'에
서 벗어나 긍정의 '습관'과 만나기를 소망합니다.

# 진심으로 사과하라

만일 네 입술이 정직을 말하면 내 속이 유쾌하리라 23장 17절

많은 출판사가 마르셀 프루스트의 『잃어버린 시간을 찾아서』 초고를 외면했습니다. 앙드레 지드가 편집자로 있던 출판사도 그중 하나였지요. 결국 자비로 출판된 이 명저를 나중에 정독한 지드는 즉시 사과 편지를 보냈습니다. "며칠 동안 나는 당신의 책을 손에서 내려놓지 못하고 있습니다. 이 책을 거절한 일은 우리가 저지른 가장 심각한 실수입니다. 거기에 큰 책임이 있는 내게 그 실수는 가장 쓰라린 후회와 여한으로 남을 것입니다." 이후 프루스트의 책은 지드의 출판사에서 발간되었지요. 진심을 담은 사과는 힘이 셉니다. 사과하는 사람은 '소인'이 아니라 '대인'입니다.

# 자신에게 몰입하라

너는 악인의 형통함을 부러워하지 말며 그와 함께 있으려고 하지
도 말지어다 24장 1절

'포템킨의 마을'이란 말을 들어보셨나요? 러시아 예
카테리나 대제의 정부이자 총사령관이었던 포템킨이
자신의 공적을 과장하기 위해 황제가 시찰하는 마을
을 화려하게 단장한 것에서 유래했는데, 허장성세 혹
은 번지르르한 겉치레를 의미합니다. 자신은 물론 타
인에게도 성실하지 못한 태도를 뜻하는 '허장성세'
의 반대쪽에 있는 단어가 '알뜰살뜰'입니다. 이 단어
에는 '일이나 살림을 정성껏 규모 있게 꾸려 가는 모
양'이라는 주체적 의미와 '다른 사람에게 정성을 쏟
는 모양'이라는 관계적 의미가 동시에 담겼지요. 자
신에겐 몰입하되 타인에겐 집착하지 않으며 살기를
소망합니다.

# 감사의 고도를 높여라

북풍이 비를 일으킴같이 참소하는 혀는 사람의 얼굴에 분을 일으키느니라 25장 23절

"말을 많이 하지 말고 일을 많이 벌이지 말라. 말이 많으면 실패가 많고, 일이 많으면 손해가 많다毌多言 毌多事 多言多敗 多事多害." 남인 영수 허목의 『기언서記言序』에 나오는 말입니다. "말을 적게 함이 귀貴에 해당하고 저술을 많이 함은 부富에 해당한다少言語以當貴 多著述以當富." 명나라 육소형陸紹珩의 『취고당검소醉古堂劍掃』에 나오는 말입니다. 다변을 자랑하지 말고 차라리 감사 편지를 쓰세요. 참소의 북풍이 불어도 분은 사라지고 흥이 날 테니까요. 감사 피뢰침의 고도를 높이세요. 온갖 비난의 번개가 쳐도 마음의 평화는 깨지지 않을 테니까요.

# 경청이 공부다

미련한 자의 어리석은 것을 따라 대답하지 말라 두렵건대 너도 그와
같을까 하노라 26장 4절

"공부하지 않은 날은 생기지 않은 것과 같아 바로 공
일空日이다." 다산 정약용이 존경했던 당대의 문인 이
용휴의 『당일헌기當日軒記』에 나오는 말입니다. "공부
는 지성인의 소명이며 인류에 봉사하는 길이다." 앙
토냉 질베르 세르티양주의 『공부하는 삶』에 나오는
말입니다. 독서만 공부라고 할 수는 없지요. 때로는
경청이 공부가 되기도 합니다. 인류사에서 가장 강한
남자로 평가받는 칭기즈칸은 "내 귀가 나를 가르쳤
다"라고 고백했지요. 이용휴는 공일의 반대어로 '당
일當日'을 썼더군요. 오늘을 공일이 아닌 당일로 보내
고 싶다면 이목耳目, 아니 오감五感을 활짝 열어두세요.

# 다가서는 사람

철이 철을 날카롭게 하는 것같이 사람이 그의 친구의 얼굴을 빛나
게 하느니라 27장 17절

"당신의 사진이 만족스럽지 않다면, 그것은 충분히
다가서지 않아서다." 베트남 전쟁에서 최후의 순간을
맞을 때까지 카메라 셔터를 눌렀던 사진작가 로버트
카파가 남긴 말입니다. "할 수 있는 사람은 그것을 실
행한다. 할 수 없는 사람은 그것을 가르치려 한다."
극작가 버나드 쇼가 던진 일갈입니다. 철이 철을 날카
롭게 하려면 철이 지닌 본성을 잃지 않아야 합니다.
친구의 얼굴을 빛나게 하려면 자신의 얼굴부터 빛나
야 합니다. 물러서는 사람이 아니라 다가서는 사람, 가
르치는 사람이 아니라 실행하는 사람이 되고 싶습니
다. '철든 사람'이 되기 위해 오늘도 정진해야겠지요?

# 회심의 기회

자기의 죄를 숨기는 자는 형통하지 못하나 죄를 자복하고 버리는
자는 불쌍히 여김을 받으리라 28장 13절

"안 된다. 짜증 나. 싫어요. 귀찮아. 힘들어." 한 워크
숍에서 강사의 지시에 따라 적어본 다섯 가지 부정적
생각입니다. 긍정적 마인드가 왜 중요한지 보여주는
몇 편의 실험 동영상을 감상하고 나자 표현이 이렇게
바뀌더군요. "꼭 된다. 고마워. 좋아요. 해보자. 힘내
자." 그래서 '회심'이란 단어의 사전적 의미를 찾아봤
습니다. 회심悔心은 '잘못을 뉘우치는 마음', 회심回心
은 '마음을 돌이켜먹음', 회심會心은 '마음에 흐뭇하
게 들어맞음'이라고 설명되었더군요. 회심悔心하고 회
심回心할 때 회심會心의 기회를 잡을 수 있겠지요?

# 마음을 해독하라

의인은 가난한 자의 사정을 알아주나 악인은 알아줄 지식이 없느니라 29장 7절

연암 박지원은 자연 속에 글쓰기 훈련의 정수가 담겨 있다고 봤습니다. 그래서 자연을 '글자화되지 않고 쓰이지 않은 문장不字不書之文'으로 규정했지요. 추사 김정희는 "난초를 그림에 법이 있어도 안 되고 법이 없어도 안 된다寫蘭有法不可無法亦不可"라고 했습니다. 글쓰기에는 일정한 체계가 있으므로 그것을 배워야 하지만 또한 그것에 얽매이지 말고 창의성을 발휘하란 뜻입니다. 자연에서 문자향文字香과 서권기書卷氣를 읽어내듯 사람의 마음을 알아주는 의인이 많으면 좋겠습니다. 제대로 '해독解讀'해야 '해독解毒'의 비법도 보입니다.

# 하루도 빼놓지 않고

만일 네가 미련하여 스스로 높은 체하였거나 혹 악한 일을 도모하
였거든 네 손으로 입을 막으라 30장 32절

도시히토 세코가 1981년 보스턴 마라톤 대회에서 우
승했습니다. "어떻게 훈련했습니까?" 몰려온 기자들
이 질문하자 그가 입을 열었습니다. "아침에 10킬로
미터, 저녁에 12킬로미터를 달렸습니다." 너무나 단
순한 답변에 기자들이 실망한 표정을 짓자 그는 이런
말을 덧붙였지요 "1년 365일 단 하루도 빼놓지 않고
달렸습니다." 일순간 기자들의 반응이 실망에서 경탄
으로 바뀌었습니다. 히브리어에서 '반복'과 '교육'은
어원이 같다고 합니다. 교만과 욕심의 함정에서 벗어
나고 싶다면 하루도 빼놓지 않고 감사 일기를 써보세
요. '반복'은 '반전'의 열쇠입니다.

# 생각을 바꾸면

누가 현숙한 여인을 찾아 얻겠느냐 그의 값은 진주보다 더하니라
31장 10절

『The Answer 해답』의 저자 존 아사라프의 연구에 따르면 사람은 자라면서 17세까지 평균적으로 "넌 할 수 없어"라는 말은 15만 번 듣고, "넌 할 수 있어"라는 말은 5,000번 듣는다고 합니다. 많은 사람의 마음속에 부정적 믿음이 더 강하게 각인된 이유가 여기 있지요. "넌 할 수 있어." 아내가 수험생 시절의 아들에게 습관처럼 해준 말입니다. 언어를 바꾸면 생각이 바뀌고, 생각을 바꾸면 행동이 바뀌고, 행동을 바꾸면 운명이 바뀐다고 하지요. 긍정의 언어로 아들의 마음속에 긍정의 믿음을 심어준 아내에게 감사합니다. 오늘도 '배우자'에게 '배우자'는 자세로 살겠습니다.

# 감사를 나눠라

잠언과 비유와 지혜 있는 자의 말과 그 오묘한 말을 깨달으리라
1장 6절

"감사는 모든 미덕의 어머니다(키케로)." "가장 축복받는 사람이 되려면 가장 감사하는 사람이 되어라(캘빈 쿨리지)." "작은 것에 감사하지 않는 자는 많은 것에도 감사하지 않는다(에스토니아)." "불행할 때 감사하면 불행이 끝나고 형통할 때 감사하면 형통이 연장된다(찰스 스펄전)." "하루를 원망하며 사는 것보다는 하루를 감사히 받아들이는 것이 나에 대한 최선의 예의이다(베티 스타)." "감사는 아무리 해도 부족하다. 우리의 이웃은 감사의 미소 위에 그들의 인생을 건축하기 때문이다(크로닌)." 감사 잠언과 격언을 편지와 쪽지에 담아 이웃과 나눠보세요. '붓'으로 쓰면 '벗'이 찾아오고, '펜'으로 쓰면 '팬'이 생깁니다.

## 225
# 발밑 행복

지혜가 너를 선한 자의 길로 행하게 하며 또 의인의 길을 지키게
하리니 2장 20절

"행복은 멀리 있는 것이 아니라 바로 내 발밑에 있습
니다." 집에서 회사까지 3년 넘게 걸어서 출근하며 느
꼈던 단상을 한 권의 책으로 엮은 『약수동 출근길』의
저자 백승우의 고백입니다. "행복은 내 코밑에 있지."
우연히 텔레비전을 보다가 어느 시골 할머니가 툭 던
진 이 말을 듣고 신선한 충격을 받았습니다. 발밑 행
복과 코밑 행복을 만끽하는 비결은 무엇일까요? 뇌
과학자들은 행복을 느끼는 뇌세포 바로 옆에 감사를
느끼는 뇌세포가 있다고 말합니다. 멀미가 찾아오면
멀미약을 귀밑에 붙이듯이, 불행이 찾아오면 감사라
는 이름의 명약을 '발밑'과 '코밑'에 붙여보는 것은
어떨까요?

# 226
## 결정적 순간

그리하면 네가 하나님과 사람 앞에서 은총과 귀중히 여김을 받으리라 3장 4절

"우리는 웅장한 사원이나 복잡한 철학이 필요하지 않습니다. 우리의 머리와 심장이 우리의 사원이고, 온유함이 우리의 철학입니다." 티베트 망명 정부가 자리한 다람살라의 한 작은 서점 입구에 적힌 달라이 라마 어록입니다. "우리는 어느 날 저녁 골목에서 천사를 만날지도 모릅니다. 그때 천사는 '나에게 자랑할 것이 있니?'라고 물을 것입니다. 후회 없이, 자신 있게 답변하기 위해서 우리는 준비해야 합니다." 인문학자 도정일이 앞만 보고 질주하는 현대인을 향해 던진 화두입니다. 마사이족은 마사이 신발을 신지 않습니다. 결정적 순간에도 흔들리지 않을, 현상보다 본질에 충실한 사람이면 좋겠습니다.

# 마지막 한 방울

훈계를 굳게 잡아 놓치지 말고 지키라 이것이 네 생명이니라
4장 13절

"세상 사람들은 나를 성공한 사람이라고 하지만 동의하지 않는다. 내가 한 일의 99퍼센트는 실패였다. 성공한 것은 겨우 1퍼센트에 지나지 않는다. 도전해 실패하는 것보다 아무것도 안 하는 것을 두려워하라." 혼다자동차 창업자인 혼다 소이치가 했던 말입니다. KFC 창업자인 커넬 샌더스도 자신이 개발한 치킨 레시피를 팔기 위해 2년 동안 미국 전역을 돌며 무려 1,000회 이상 거절을 당하고서야 목표를 달성했지요. 한 방울의 술은 비록 적지만 마지막 한 방울이 더해질 때 비로소 잔은 흘러넘칩니다. 승리의 축배를 들고 싶다면 마지막 순간까지 최선을 다해야 합니다.

# 독서 이력서를 채워라

그는 훈계를 받지 아니함으로 말미암아 죽겠고 심히 미련함으로
말미암아 혼미하게 되느니라 5장 23절

"우리가 읽는 책이 머리를 주먹으로 한 대 쳐서 잠에
서 깨우지 않는다면 도대체 왜 우리가 그 책을 읽어야
하는가? 책이란 무릇 우리 안에 있는 꽁꽁 얼어버린
바다를 깨뜨리는 도끼가 되어야 한다." 프란츠 카프
카가 『변신』의 서문에서 했던 말입니다. 어린 시절 폐
병을 앓아 학교에 가지 못했지만 '천일독서千日讀書'로
성공한 교보생명 창업주 신용호는 생전에 자신의 이
력서에 "배우면서 일하고 일하면서 배운다"라는 문
구를 적어 넣었다고 합니다. 내가 직접 걸은 역사가
축적된 것이 이력서입니다. '1월 2독1月 2讀'으로 나의
독서 이력서를 풍요하게 채워나갑시다.

# 필연을 만들어라

대저 명령은 등불이요 법은 빛이요 훈계의 책망은 곧 생명의 길이라
6장 23절

경영자의 기질과 리더십(45퍼센트), 유능하고 충성도
높은 직원(28퍼센트), 전문적이고 시장 지향적인 경영
(27퍼센트). 헤르만 지몬이 『히든 챔피언』에서 제시한
기업 성공의 세 가지 요소입니다. 『고백록』으로 유명
한 철학자 아우구스티누스는 "자신의 내면에서 열정
이 불타오르는 사람은 다른 사람들에게도 열정을 불
러일으킨다"라고 했지요. 결국 열정적 리더십이 열정
적 팔로워십을 부른다는 말입니다. "꼭 그래야만 하
는가? 그래야만 한다!" 베토벤의 마지막 악보에 적힌
문구라고 합니다. '우연에 기대는 리더'가 아니라 '필
연을 만드는 리더'가 많으면 좋겠습니다.

# 강점을 강화하라

여러 가지 고운 말로 유혹하며 입술의 호리는 말로 꾀므로 7장 21절

미국 뉴욕의 한 병원에서 수술 사망률을 낮추기 위해 벌점제를 도입했는데 애초 의도와 다른 결과가 나타났습니다. 수술 도중 사망한 환자 비율이 높은 의사에게 벌점을 주기로 결정한 지 한 달 만에 수술 사망률이 0으로 뚝 떨어졌지요. 하지만 이것은 의사들이 위험도가 높은 수술을 회피해 이룩한 억지 성과일 뿐이었습니다. 덕분에 환자들은 수술실이 아니라 입원실에서 죽어나갔습니다. 마야 보발레의 『인센티브와 무임승차』에 나오는 이야기입니다. 약점 극복보다 강점 강화가 문제 해결에 효과적이라고 합니다. 강점과 칭찬으로 승부하는 하루 보내세요.

# 감사를 가풍으로

아들들아 이제 내게 들으라 내 도를 지키는 자가 복이 있느니라
8장 32절

영어권 나라의 성씨 중에는 조상의 직업과 가풍에서
따온 것이 많습니다. 대장장이 가문은 blacksmith
(대장간)를 줄여서 스미스Smith라 했고, 나무꾼 가문은
숲 속을 의미하는 언더우드Underwood 혹은 줄여서 우
드Wood라고 불렀습니다. 방앗간 가문은 밀러Miller, 제
빵사 가문은 베이커Baker, 재단사 가문은 테일러Taylor,
목수 가문은 카펜터Carpenter, 어부 가문은 피셔Fisher,
통 제조업자 가문은 쿠퍼Cooper가 되었습니다. 대한
민국의 모든 성씨가 감사를 가풍으로 만들어가는 행
복한 가문이면 좋겠습니다.

# 그림자와 공존하라

바른 길로 행하는 자는 걸음이 평안하려니와 굽은 길로 행하는 자는
드러나리라 10장 9절

열심히 노력만 하면 자신의 모든 단점을 없애거나 결
핍을 충족할 수 있다고 확신하는 사람이 있습니다. 프
랑스 사회학자 장 보드리야르는 성형 수술, 자기 계발
등으로 상징되는 긍정성의 문화에 과도하게 빠진 현
대인을 가리켜 '그림자 없는 인간'이라고 표현했지
요. 하지만 밤 없는 낮이 없는 것처럼 그림자 없는 인
간은 더 이상 인간일 수 없습니다. 그림자는 내 자신
이 누구이며, 어디로 가고 있는지 알려주는 또 다른
나입니다. 성철 스님은 "몸을 바르게 세우면 그림자
도 바르게 서고, 몸을 구부리면 그림자도 따라 구부러
진다"라고 했지요. 그림자와 공존하는 지혜를 깨닫는
하루이기를 소망합니다.

# 만족의 시제

자기의 재물을 의지하는 자는 패망하려니와 의인은 푸른 잎사귀 같아서 번성하리라 11장 28절

"내가 가진 것보다 덜 원하면 부자富者가 되고, 내가 가진 것보다 더 원하면 빈자貧者가 된다." 『우아하게 가난해지는 법』의 저자 폰 쇤부르크의 말입니다. 욕심은 나를 가난하게 만들고 만족은 나를 부유하게 만들지요. "만약 당신이 '언젠가 미래엔 행복할 거야'라고 한다면 당신은 영원히 만족할 수 없다." 만족의 시제는 미래가 아니라 현재라고 믿습니다. "타인과 비교하는 것은 인간이 자신을 가장 비참하게 만드는 길이다." 나를 불행하게 만드는 것은 물질의 결핍이 아니라 생각의 결핍 아닐까요? "살려고 하는 의지가 없는 만큼 가난한 것도 없다." 오늘이라는 이름의 선물을 설레는 마음으로 여세요.

# 순간에 영원을 담아라

진실한 입술은 영원히 보존되거니와 거짓 혀는 잠시 동안만 있을 뿐이니라 12장 19절

"왜 이 시대에는 이육사의 「광야」처럼 큰 시가 없는 가?" 어느 모임에서 정희성 시인이 던졌던 탄식조의 질문이 아직도 귓가에 쟁쟁합니다. 이 세상 모든 것에 대한 진실한 사랑과 감사가 있다면 단 몇 행의 시 구절만 가지고도 우주보다 광활한 공간과 영겁보다 장 구한 시간을 노래할 수 있을 겁니다. 순간에 영원을 담을 만큼 감사의 시심이 활짝 열렸는지 자꾸만 돌아 봅니다.

# 소녀와 우산

소망이 더디 이루어지면 그것이 마음을 상하게 하거니와 소원이 이루어지는 것은 곧 생명 나무니라 13장 12절

미국 중서부 지방의 한 교회에서 있었던 일입니다. 살인적인 가뭄으로 마을의 논밭이 바짝 타들어가자 비가 오기를 바라는 기도 모임을 열기로 했습니다. 그날 저녁부터 마을 사람들이 교회당으로 모여들기 시작했습니다. 맨 앞줄에는 어린 소녀가 앉아 있었지요. 그 소녀의 얼굴은 홍분으로 상기되어 천사처럼 빛났고, 옆에는 빨간색 우산까지 놓여 있었습니다. 어른들은 그저 덤덤한 마음으로 기도하러 왔지만, 소녀는 기도하면 반드시 비가 올 것이라는 간절한 마음으로 왔던 것이지요. 한 가지 목표가 생기면 거기에 몰두하는 '편집광'이 자신에게 주어진 인생도 멋지게 연출하는 '편집 왕'이 될 수 있습니다.

# 글자 없는 책

**지혜는 명철한 자의 마음에 머물거니와 미련한 자의 속에 있는 것은 나타나느니라 14장 33절**

"사람들은 글자가 있는 책은 이해하지만 글자가 없는 책은 이해하지 못한다. 줄이 있는 거문고는 탈 줄 알지만 줄이 없는 거문고는 탈 줄 모른다. 겉으로 드러난 흔적만 쓰고 정신은 사용할 줄 모른다면 어떻게 책과 거문고의 참맛을 깨닫겠는가?" 『채근담』에 나오는 말입니다. "가고 가고 가는 중에 알게 되고, 행하고 행하고 행하면 어느새 깨닫게 된다去去去 中知 行行行 裡覺." 『도덕경』에 나오는 말입니다. 지혜와 명철의 길을 가고, 감사와 나눔의 덕을 행하면 글자 없는 책을 읽고, 줄이 없는 거문고를 타고, 겉으로 드러나지 않는 정신을 사용하는 방법을 깨닫지 않을까요?

# 미래를 준비하라

의인의 마음은 대답할 말을 깊이 생각하여도 악인의 입은 악을 쏟
느니라 15장 28절

"캐나다 연방의회 본회의장 중앙에는 청소년 여섯 명
이 앉아 있다. 미래를 책임질 세대가 지켜보기 때문에
의원들은 발언하고 행동할 때 매우 신중하다." 최근
캐나다를 여행한 황광석 독서르네상스 사무총장이
들려준 이야기입니다. 3년 전에 취재한 핀란드의 국
회의사당 본회의장 정면에는 다섯 개의 동상이 있는
데, 그중에서 아기를 안은 여인의 형상을 한 중앙 동
상은 '미래'를 의미하지요. 미래학자들은 인간을 세
가지 유형으로 나눕니다. 미래를 걱정하는 사람, 미래
를 방관하는 사람, 미래를 준비하는 사람. 성공과 행
복은 미래를 준비하는 사람에게 주어지는 선물이라
믿습니다.

## 238
# 거룩한 분노

왕의 진노는 죽음의 사자들과 같아도 지혜로운 사람은 그것을 쉬게
하리라 16장 14절

"화를 내며 보내기에 우리 인생은 얼마나 짧은가!" 고
대 로마 철학자 세네카의 말입니다. 분노의 부정적 측
면에 주목한 그와 달리 플라톤은 분노의 긍정적 측면
을 강조했지요. "튀모스 교육에 이상 국가의 성공이
달렸다." 튀모스는 '기개' 혹은 '기상'으로 번역되며
불의에 대해 느끼는 공분을 뜻합니다. 『고대 희랍 로
마의 분노론』 저자인 손병석 고려대 교수는 분노야말
로 한 사회의 건강함을 측정할 수 있는 도덕적 잣대라
고 봤습니다. 시인 변영로도 "거룩한 분노는 종교보
다도 깊다"라고 했지요. '사적 분노'는 삭이되 '공적
분노'는 살려야 합니다.

# 여행을 떠나라

다툼을 좋아하는 자는 죄과를 좋아하는 자요 자기 문을 높이는 자는
파괴를 구하는 자니라 17장 19절

여행에 대한 정의는 다양합니다. "두려움의 매혹(알베
르 카뮈).", "먼 곳에의 그리움(전혜린).", "이곳 아닌 저
곳에의 열망(장 그르니에)."『하쿠나 마타타 우리 같이
춤출래?』라는 책에 따르면, 여행에도 단계가 있습니
다. 1단계(새로운 곳에 가서도 거울을 보듯 나만을 보는 것),
2단계(나를 떠나 '그곳'을 있는 그대로 보는 것), 3단계(그
곳에 있는 것들과 관계를 맺는 것), 4단계(내 것을 나누어 그
곳을 더 아름답게 하는 것). 전인미답前人未踏의 험로를 걷
는 자만이 전대미문前代未聞의 운명을 개척할 수 있습
니다. 다툼과 파괴가 아닌 우정과 건설의 세상을 원한
다면 낯선 세계로 여행을 떠나야 합니다.

# 행복의 지경

대저 젖을 저으면 엉긴 젖이 되고 코를 비틀면 피가 나는 것같이 노를 격동하면 다툼이 남이니라 30장 33절

사람이 70년을 산다면 무엇을 하면서 시간을 보낼까요? 한 연구 결과에 따르면 일하는 시간 26년, 잠자는 시간 23년, 텔레비전 보는 시간 4년, 화내는 시간 2년이었다고 합니다. 그렇다면 웃는 시간은? 놀라지 마십시오. 1년은커녕 88일에 불과했습니다. 과거에 우리는 이런 말을 많이 했습니다. "한국은 산이 너무 많아 가난하다." 하지만 『한국전쟁의 기원』을 저술한 브루스 커밍스 시카고대 교수는 말했지요. "한국에는 험준한 산이 많아 지형의 굴곡이 심한데, 그것을 망치로 두드려서 펼치면 중국 대륙의 넓이만큼 될 것이다." 분노로 일그러진 산맥을 감사의 망치로 두드려 행복의 지경을 넓혀야겠습니다.

# 중단 없이 전진하라

**오직 내 말을 듣는 자는 평안히 살며 재앙의 두려움이 없이 안전하리라 1장 33절**

"인생은 한 통의 성냥갑과 닮았다. 중대하게 취급하면 바보 같다. 중대하게 취급하지 않으면 위험하다." 일본 근대 문학의 거성 아쿠타가와 류노스케가 했던 말입니다. "상처 받을 것을 두려워하지 말고 자신을 가둔 껍데기에서 나가자." 재일 동포 최초로 도쿄대 교수로 임용된 강상중은 위험을 감수하더라도 바보가 되지 말자는 결단을 내렸습니다. "그리하여 우리는 조류를 거스르는 배처럼 끊임없이 과거로 떠밀려 가면서도 앞으로 앞으로 계속 전진하는 것이다." 피츠제럴드의 『위대한 개츠비』의 마지막 문장처럼 오늘도 중단 없이 전진하는 하루이기를 소망합니다.

# 행복 곡선

그런즉 네가 공의와 정의와 정직 곧 모든 선한 길을 깨달을 것이라
2장 9절

거액의 복권에 당첨된 순간 사람의 행복도는 가파른 상승 곡선을 긋습니다. 하지만 그 직후부터 행복도는 급격히 떨어지기 시작하고, 6개월이 흐르면 정확히 복권 당첨 이전의 상태로 돌아갑니다. 회복력은 반대 경우에도 적용되지요. 예컨대 교통사고를 당해 다리를 잃는 순간 사람의 행복도는 최저 수준으로 떨어집니다. 며칠 동안은 밥도 먹지 못하고 잠도 이루지 못합니다. 하지만 3개월이 지나면 밥맛이 돌아오고, 6개월이 지나면 원래 상태로 돌아갑니다. 소냐 류보머스키가 『How to be happy』에서 소개한 연구 결과입니다. 감사와 행복은 운수의 '종속 변수'가 아닙니다. 감사와 행복 그 자체가 '독립 변수'입니다.

## 243
# 변화의 지점

그리하면 네 창고가 가득히 차고 네 포도즙 틀에 새 포도즙이 넘치
리라 3장 10절

"예전에는 아내의 휴대폰에 내 이름이 '옆집 아저씨
보다 못한 사람'이라고 등록돼 있었다. 하지만 지금
은 '님'으로 바뀌었다. 그뿐만이 아니다. 동네에선
'아내에게 잘하는 남자'로 소문이 났다(강용석 반장)."
"전혀 다른 사람과 사는 것 같다. 마치 결혼을 두 번
한 느낌이다(서병수 반장 부인 윤옥희 씨)." 감사 나눔을
도입한 이후 삼성중공업에 나타난 변화입니다. '레버
리지 포인트'는 작지만 상황을 반전시키는 변화 지점
을 뜻합니다. 레버리지(지렛대)만 있다면 아주 작은 힘
으로도 커다란 바위를 움직일 수 있지요. 감사 나눔이
라는 레버리지 포인트로 행복이 넘치는 가정을 만들
어보세요.

# 내리막길을 상상하라

**다닐 때에 네 걸음이 곤고하지 아니하겠고 달려갈 때에 실족하지 아니하리라 4장 12절**

정계에 입문한 링컨은 연거푸 낙선의 고배를 마셨습니다. 그럴 때마다 오뚝이처럼 다시 일어났는데, 나름의 비결이 있었지요. 우선 낙선 소식을 들으면 고급식당으로 달려가 맛있는 음식부터 배불리 먹었습니다. 다음에는 이발소에 가서 머리를 단정히 손질했지요. 그리고 말했습니다. "이제 아무도 나를 패배자로 보지 않을 거야. 오늘부터 다시 시작할 테니까!" 절망이나 슬럼프가 찾아오면 어떻게 극복하십니까? 오프라 윈프리는 감사 일기를 썼고, 사격 선수 진종오는 슬럼프를 주제로 한 책을 읽었다고 합니다. 자전거로 오르막길을 힘겹게 오를 때는 시원한 내리막길을 상상해보세요.

# 53분 동안

두렵건대 네 존영이 남에게 잃어버리게 되며 네 수한이 잔인한 자에게 빼앗기게 될까 하노라 5장 9절

어린 왕자가 갈증 해소제를 파는 상인과 나눴던 대화를 조금 각색해 봤습니다. "이 약을 일주일에 한 알씩만 먹으면 물을 마시지 않아도 된단다." "그런데 그 약은 왜 팔아요?" "이걸 먹으면 시간이 아주 많이 절약되거든." "얼마나 절약되는데요?" "전문가들이 계산해봤더니, 일주일에 무려 53분을 절약할 수 있대." "그러면 그 53분 동안 뭘 하지요?" "자기가 하고 싶은 걸 할 수 있지." "만약 53분 동안 하고 싶은 걸 하라고 하면 난 샘이 있는 곳을 향해 아주 천천히 걸어가겠어요." 더 이상 풍요 속의 결핍과 범람 속의 갈증에 시달리지 마세요. 자유를 사기 위해 자유를 파는 것은 참으로 어리석은 일이니까요.

# 숯불을 불씨로

**사람이 숯불을 밟고서야 어찌 그의 발이 데지 아니하겠느냐**
**6장 28절**

"현란한 색깔은 사람의 눈을 멀게 하고, 현란한 소리
는 사람의 귀를 멀게 하고, 현란한 맛은 사람의 몸을
해친다. 그러므로 성인은 중용을 취할 뿐 결코 화려함
을 취하지 않는다."『노자』 12장에 나오는 말입니다.
그렇다면 어떻게 해야 할까요? 여배우 오드리 헵번이
죽기 1년 전에 아들에게 읽어주었다는, 샘 레븐슨의
시 구절이 단서일 듯합니다. "매력적인 입술을 갖고
싶다면 친절한 말을 하세요. 사랑스런 눈을 갖고 싶다
면 다른 사람의 좋은 점을 발견하세요. 날씬한 몸매를
원하거든 굶주린 사람들과 음식을 나누세요." 고통의
숯불도 행복의 불씨로 삼는 하루 보내시기 바랍니다.

# 먼저 경청하라

지혜에게 너는 내 누이라 하며 명철에게 너는 내 친족이라 하라
**7장 4절**

훈민정음 창제에 반대하는 최만리의 태도는 완강했습니다. 고개를 뻣뻣이 치켜들고 임금의 얼굴을 정면으로 응시하며 언성을 높일 정도였지요. 탄핵에 가까운 최만리의 반대 논리를 모두 들은 세종이 입을 열었습니다. "너의 말이 아름답구나. 하지만 나는 다른 이유로 반대한다." 프랑스 계몽주의의 선구자인 볼테르는 이런 명언을 남겼지요. "나는 당신이 하는 말에 찬성하지 않는다. 하지만 당신이 그렇게 말할 권리를 지켜주기 위해서라면 내 목숨이라도 기꺼이 내놓겠다." 수다쟁이는 자신이 많은 말을 해야 하므로 남의 말을 들을 수 없습니다. 지혜와 명철의 리더가 되고 싶다면 먼저 경청할 일입니다.

# 좋은 것만 기억하라

내 열매는 금이나 정금보다 나으며 내 소득은 순은보다 나으리라
**8장 19절**

다람쥐는 가을에 도토리를 발견하면 절반은 먹고 나머지 절반은 반드시 땅속에 묻어둡니다. 추운 겨울을 나기 위해 식량을 비축하는 것이지요. 문제는 다람쥐의 지독한 건망증인데, 막상 겨울이 닥치면 도토리를 어디에 묻었는지 정확히 기억을 못 한다고 합니다. 참으로 아이러니한 것은 다람쥐의 이 건망증이 숲을 더 푸르게 만든다는 사실이지요. 겨울에 먹으려고 땅속에 묻어두었지만 까맣게 잊어버린 도토리가 봄이 오면 싹을 틔워 푸른 숲을 이루기 때문입니다. 이처럼 실수와 건망증마저 타인과 공동체에 유익한 결과를 주는 일이 많으면 좋겠습니다. 나쁜 것은 잊고 좋은 것만 기억하며 살면 좋겠습니다.

# 고개를 숙이면

교만이 오면 욕도 오거니와 겸손한 자에게는 지혜가 있느니라
11장 2절

19세에 장원 급제하고 20세에 군수가 되자 교만에 빠진 맹사성이 고을의 유명한 선사를 찾아갔습니다. "스님. 이게 무슨 짓입니까?" 자신의 찻잔에 찻물이 넘치는데도 선사가 계속 따르자 맹사성이 화를 냈습니다. "찻물이 넘쳐 방바닥을 적시는 것은 알고, 지식이 넘쳐 인품을 망치는 것은 어찌 모르시오?" 스님의 일갈에 부끄러워진 맹사성이 황급히 일어나 나가려다 문틀에 이마를 세게 부딪쳤습니다. 그러자 선사가 빙그레 웃으며 말했습니다. "고개를 숙이면 부딪치는 법이 없지요." 혜민 스님의 『멈추면, 비로소 보이는 것들』에 소개된 일화입니다. 멈추면 더 많은 것을 볼 수 있고, 겸손하면 더 많은 것을 얻을 수 있습니다.

# 행복은 걷는 것

회오리바람이 지나가면 악인은 없어져도 의인은 영원한 기초 같으
니라 10장 25절

행복을 찾아 몇 년 동안 쉬지 않고 걸어 다닌 남자가
있었습니다. '행복은 도대체 어디 있는 걸까?' 그는
길가의 풀밭에 앉아 쉬면서 생각에 잠겼습니다. '행
복이란 처음부터 없었던 것은 아닐까?' 파란 하늘과
하얀 구름, 푸른 대지와 숲길, 새와 나비가 그의 시야
에 들어왔습니다. '혹시 이런 것을 맘껏 즐길 수 있는
것이 행복은 아닐까?' 그래서 그는 행복 찾기를 포기
하고 푸른 대지와 숲길을 걷는 것을 즐기기 시작했습
니다. '행복은 걷는 것, 바로 그것이었어!' 고이즈미
요시히로의 『아무 일도 아니야』에 나오는 한 장면을
조금 각색해봤습니다. 평범한 일상에 감동하고 감사
하는 사람이 되면 좋겠습니다.

미움은 다툼을 일으켜도
사랑은 모든 허물을 가리느니라.
Hatred stirs up dissension,
but love covers over all wrongs.

**10장 12절**

Power of Proverbs

여섯 번째 잠언力

온전한 나를 위한
사랑의 힘

love

# 다산의 마음

인자한 자는 자기의 영혼을 이롭게 하고 잔인한 자는 자기의 몸을
해롭게 하느니라 11장 17절

강진에 유배된 정약용은 처음에는 읍내 동문 밖 주막
의 작은 방에 기거했습니다. 이곳에서 아전과 농부의
자제를 가르치던 어느 날 그는 '사의재四宜齋'란 당호
를 직접 써서 붙였습니다. 이는 '네 가지를 마땅히 해
야 할 방'이란 뜻으로 '생각은 맑아야 하고, 용모는 엄
숙해야 하고, 언어는 과묵해야 하고, 행동은 후중厚重
해야 한다'가 실천 항목이었지요. '마땅히宜'는 의義에
맞게 하자는 것으로, 절망적 상황에서도 자신을 끊임
없이 성찰하겠다는 다산의 다짐이었습니다. 부정의
'하지 말아야 할'이 아니라 긍정의 '해야 할'을 선택
한 다산의 마음을 조금은 알 것도 같습니다.

# 마음에 채울 것

사람은 그 지혜대로 칭찬을 받으려니와 마음이 굽은 자는 멸시를
받으리라 12장 8절

거울을 봤더니 머리카락이 헝클어졌습니다. 단정하
게 빗으려면 어떻게 해야 할까요? 당연히 '거울 속의
나'가 아니라 '거울 밖의 나'에게 손을 뻗어야 합니
다. 인생 문제를 근본적으로 해결하는 방법도 마찬가
지입니다. 『거울의 법칙』 저자인 노구치 요시노리는
'인생은 자신의 마음을 비추는 거울'이기에 마음의
원인을 먼저 해소하라고 권합니다. 불만을 품으면 불
만스러운 일이, 감사를 품으면 감사할 일이 생겨난다
는 것이지요. 해인사의 『팔만대장경』에는 5, 200여만
자가 새겨졌는데, 단 한 자로 압축하면 마음 '심心'이
라고 합니다. 마음에 불만이 아니라 감사를 채워 넣으
세요.

## 253
# 노트를 써라

소원을 성취하면 마음에 달아도 미련한 자는 악에서 떠나기를 싫어
하느니라 13장 19절

"이렇게 모이니 바로 여기가 천국이구나!" 일본의 젊
은 여성 스나다 마미가 기록한 다큐 영화 〈엔딩 노트〉
에서 주인공 아버지가 가족들에게 둘러싸여 죽어가
며 던졌던 말입니다. 말기 암 판정을 받은 아버지는
'평생 믿지 않았던 신을 믿어보기', '일만 하느라 소
홀했던 가족들과 여행가기' 등 버킷 리스트를 작성하
고 가족들과 소중한 추억을 만들어왔던 터였습니다.
시인 천상병은 「귀천歸天」에서 이렇게 노래했지요.
"나 하늘로 돌아가리라/아름다운 이 세상 소풍 끝내
는 날/가서, 아름다웠더라고 말하리라." 천국에서 소
풍을 끝내고 천국으로 귀환하는 멋진 인생을 살고 싶
다면, 엔딩 노트나 감사 노트를 써보세요.

# 감사하면

악인은 그의 환난에 엎드러져도 의인은 그의 죽음에도 소망이 있느
니라 14장 32절

말라위는 아프리카 동남부에 있는 세계 최빈국입니
다. 자원이 많은 잠비아, 모잠비크, 탄자니아 등 인접
국과 달리 바람이 유일한 자원이지요. 학비 80달러가
없어서 옥수수 밭에서 일하던 시골 소년 캄쾀바는 도
서관에서 우연히 한 권의 책을 읽었는데, 바람을 이용
하면 전기를 생산할 수 있다고 적혀 있었습니다. 소년
은 그날부터 쓰레기장을 뒤져서 버려진 트랙터 팬, 자
전거 발전기, PVC파이프 등으로 풍차를 만들었지요.
마침내 전기를 생산해 전구를 밝히고 고지서까지 발
급한 캄쾀바는 말합니다. "주어진 것에 감사하면 우
리 몸과 마음은 놀라운 일을 해낸답니다." 속한 환경
이 나빠도 감사를 택해야 합니다.

# 행복관 만들기

채소를 먹으며 서로 사랑하는 것이 살진 소를 먹으며 서로 미워하는 것보다 나으니라 15장 17절

백악관白堊館, the white house은 미국 대통령 집무 공간의 명칭입니다. 그런데 미국의 역대 대통령들은 일국을 넘어 세계의 운명을 결정하는 이 권력의 심장부를 종종 '백옥관白獄館, the white jail'이라고 불렀습니다. 심지어 링컨 대통령은 집무실로 향하며 "형장으로 걸어가는 사형수 같은 심정"이라고 고백한 적도 있다고 합니다. 한국의 박정희 대통령도 아내가 죽고 떠난 청와대를 절간에 비유한 적이 있지요. 일상의 평범한 행복을 누리지 못하면 권력의 심장부도 감옥과 절간, 심지어 형장으로 바뀔 수 있습니다. 우리 가정과 일터를 감사가 넘치는 '행복관the happy house'으로 만들어보는 것은 어떨까요?

# 기적은

노하기를 더디 하는 자는 용사보다 낫고 자기의 마음을 다스리는 자는 성을 빼앗는 자보다 나으니라 16장 32절

"부처를 만나면 부처를 죽여라!" 자신을 노예로 만드는 모든 권위에 맞서라는 임제 선사의 화두입니다. 부처 자신도 "무소의 뿔처럼 혼자서 가라如犀角獨步行"라고 일갈했지요. 수처작주 입처개진隨處作主 立處皆眞. '어느 곳에서나 주인이 된다면 자기가 있는 곳이 모두 참되다'는 뜻입니다. 단 하루라도 무위진인無位眞人 즉 '어떤 자리도 없지만 참다운 사람'으로 살아야 합니다. 철학자 강신주의 『임제어록』 서평을 요약해봤습니다. 임제는 이런 어록도 남겼네요. "기적은 땅 위를 걷는 것이다." 기적은 하늘을 나는 것도, 물 위를 걷는 것도 아니군요. 소소한 일상을 기적으로 여기며 살아야겠습니다.

# 명상하라

마음의 즐거움은 양약이라도 심령의 근심은 뼈를 마르게 하느니라
17장 22절

"당신이 감사해야 할 사람에게 감사하지 않고 도리어 그 사람을 원망해온 것이 문제의 원인입니다." 『거울의 법칙』에서 왕따 당하는 아들 때문에 고민하는 주인공에게 컨설턴트가 해준 말입니다. "세상이 나를 괴롭힌다고 생각하세요? 내가 쉬면 세상도 쉽니다." 혜민 스님이 『멈추면, 비로소 보이는 것들』에서 던진 화두와 해법입니다. 소음이 넘치는 도시를 떠나 숲 속에서 쉬면서 명상해보세요. 명상은 소음을 화음으로 바꾸고, 마음의 상처도 치유합니다. 명상을 뜻하는 'meditation'과 약이나 의학을 뜻하는 'medicine'의 어원은 같습니다. '감사 명상'으로 힐링도 하고 감사 인생의 주인공도 되면 좋겠습니다.

# 만인에 대해 선행하라

가난한 자를 불쌍히 여기는 것은 여호와께 꾸어 드리는 것이니 그의 선행을 그에게 갚아 주시리라 19장 17절

소냐 류보머스키 교수가 지난해 캐나다 밴쿠버초등학교 4~6학년 19개 학급 학생 415명을 대상으로 4주 동안 실험했습니다. A 그룹 10개 학급 학생들은 매주 착한 일을 세 가지씩 하고 나서 노트에 적었고, B 그룹 9개 학급 학생들은 자신이 다녀온 장소 세 곳만 적었습니다. 4주 후에 모든 학생은 '함께 활동하고 싶은 친구 한 명을 선택하라'는 요청을 받았지요. 선택받은 학생 수를 집계한 결과 A 그룹이 B 그룹보다 2배나 많았습니다. 류보머스키는 감사와 친절을 아는 아이가 타인의 사랑도 많이 받고, 학교 성적도 높아진다고 말합니다. '만인의 만인에 대한 투쟁'이 아니라 '만인의 만인에 대한 선행'이 세상을 바꿉니다.

# 공명심을 넘어서

포도주는 거만하게 하는 것이요 독주는 떠들게 하는 것이라 이에 미혹되는 자마다 지혜가 없느니라 20장 1절

"내가 누군가를 비난하며 손가락질할 때 손가락 세 개는 나를 가리킨다는 사실을 명심하라." 프로 골퍼 최경주가 후배들에게 해준 말입니다. 비난은 도리어 자신을 어리석게 만들지요. 최경주는 이런 충고도 했네요. "돈과 명예 때문이 아니라 골프를 통해서 남을 도우려는 마음, 팬들에게 멋진 선수로 기억되고 싶어 하는 마음 같은 커다란 동기가 있어야 진정으로 위대한 선수가 될 수 있다." 공명심功名心(공을 세워 자기의 이름을 널리 드러내려는 마음)을 넘어서 공명심公明心(사사로움이나 치우침이 없이 공정하고 명백한 마음)을 지니고 오늘도 최선을 다해 살기를 소망합니다.

# 희생의 가치

정의를 행하는 것이 의인에게는 즐거움이요 죄인에게는 패망이니라
21장 15절

"야구가 좋은 이유는 뭔지 아니? 열 개 중에 세 개만
쳐도 스타가 된다는 거야." 영화 〈화성 아이, 지구 아
빠〉에서 주인공 아빠가 입양한 아들에게 해준 말입니
다. "야구에서 가장 아름다운 플레이는 희생 플라이
야……그 대신 아웃을 당했는데도 타율이 낮아지진
않아. 희생 플라이는 타율 계산에서 빼주기 때문이
지." 영화 〈더 팬〉에서 주인공 아빠가 아들에게 희생
의 가치를 가르치며 들려준 말입니다. 야구의 계절에
일곱 번 실패해도 괜찮은 7전 8기가 허용되는 사회,
희생하고 헌신한 사람에게 감사하고 보상하는 나라,
인생의 9회 말 투아웃에 역전 만루 홈런의 기적을 맛
보는 정의로운 세상을 꿈꿔봅니다.

# 단풍이 되어라

이것을 네 속에 보존하며 네 입술 위에 함께 있게 함이 아름다우니라 22장 18절

노란 단풍을 만드는 카로티노이드 색소는 뜨거운 여름에도 나뭇잎에 들어 있습니다. 가을이 오면서 초록색깔을 만들어내는 엽록소가 파괴되면 이 색소가 모습을 드러내지요. 붉은 단풍을 만드는 안토시아닌 색소는 엽록소가 파괴된 뒤에도 나뭇잎을 유해한 태양광선으로부터 보호하기 위해 생성됩니다. 문제는 온난화 탓으로 일교차가 갈수록 줄면서 나뭇잎이 안토시아닌을 더 이상 만들지 않을 가능성이 높다는 점입니다. 희망을 항상 품고 있다가 고난의 계절이 왔을 때, 절망에 빠진 사람들의 가슴을 붉고 노랗게 물들이는 감사 단풍이 되기를 소망합니다.

# 슬럼프 극복법

술 취하고 음식을 탐하는 자는 가난하여질 것이요 잠자기를 즐겨
하는 자는 해어진 옷을 입을 것임이니라 23장 21절

2013년 미국 최고의 레스토랑 4위에 오른 뉴욕 '모모
푸쿠'의 셰프이자 사장인 한국계 미국인 데이비드 장.
성질이 사납고 말투가 거칠지만 그는 2010년, 2012년
주간지 『타임』이 뽑은 '세계에서 가장 영향력 있는
100인'에 선정되었고, 2013년 '음식의 오스카상'으
로 불리는 제임스비어드상 최우수 요리사상을 수상
하기도 했지요. 그런 그에게도 슬럼프가 찾아오는데,
그럴 때마다 극복해내는 비결이 있다고 합니다. "기
분은 더러워질 대로 더러워졌고, 스트레스는 더욱 쌓
여만 갔다. 그래서 셰프만의 해결 방법을 동원했다.
그건 바로, 그저 더욱 열심히 일하는 것이다." 성실함
을 이기는 슬럼프는 없습니다.

# 하루를 살더라도

지혜가 네 영혼에게 이와 같은 줄을 알라 이것을 얻으면 정녕히 네 장래가 있겠고 네 소망이 끊어지지 아니하리라 24장 14절

봄꽃은 아무리 예뻐도 주워가지 않지만 잘 물든 단풍은 책갈피에 꽂아서 보관하곤 합니다. 그런 단풍이 되려면 노욕을 부리지 말아야 하지요. 행복을 위해 준비한다는 것은 한 번도 행복을 맛보지 못한 사람들이 하는 말입니다. 준비만 하다가 한 번도 행복해보지 못한 채 죽을 건가요? 바로 당장 지금부터 행복해야 합니다. 혼자 살면 혼자 살아서 좋고, 같이 살면 같이 살아서 좋습니다. 늙으면 늙어서 좋고, 죽으면 죽어서 좋습니다. 이렇게 긍정적으로 생각해야 어차피 오는 생로병사도 무섭지 않습니다. 법륜 스님이 『인생수업』에서 노후가 불안한 사람들에게 들려준 말입니다. 하루를 살더라도 당당하고 행복하게 살아갑시다.

# 걸어가듯이

너는 서둘러 나가서 다투지 말라 마침내 네가 이웃에게서 욕을 보게 될 때에 네가 어찌할 줄을 알지 못할까 두려우니라 25장 8절

이 세상 모든 악보에는 음표와 기호가 넘칩니다. 그런데 총 3악장으로 구성된 존 케이지의 악보 〈4분 33초〉에는 이 단어 하나만 적혀 있었지요. '타셋tacet(천천히쉬어라).' 1952년 8월 29일 미국 뉴욕 우드스탁 야외 공연장에서 이 작품이 처음으로 발표되었는데, 피아니스트 데이비드 튜더가 음악 기호에 따라 4분 33초동안 천천히 쉬는 연주(?)를 끝내고 자리에서 일어나자 관객들은 기립 박수를 보냈지요. 포르테(세게)와 알레그로(빠르게)가 넘치는 세상, 때로는 아다지오(천천히)와 안단테(걸어가듯이)를 일부러라도 선택하며 살면 좋겠습니다.

# 우리를 살리는 것

네 친구와 네 아비의 친구를 버리지 말며 네 환난 날에 형제의 집
에 들어가지 말지어다 가까운 이웃이 먼 형제보다 나으니라
27장 10절

아픈 엄마를 위해 진통제를 훔친 소년이 약국 주인에
게 얻어맞고 있었습니다. 그때 수프 가게 주인이 달려
왔지요. "엄마가 많이 아프시니?" 그는 약값을 대신
내주고 야채수프까지 들려서 보냈습니다. 그로부터
30년이 흘렀습니다. 수프 가게 주인이 병원에서 수술
을 받았는데 거액의 치료비가 나왔지요. 수술비 마련
을 위해 가게까지 내놓은 딸에게 마침내 청구서가 날
아왔습니다. "모든 비용은 30년 전에 지불되었음. 세
통의 진통제 그리고 야채수프와 함께." 의사가 된 소
년이 은혜를 갚았다는 이 태국 광고는 친절과 감사가
우리 모두를 살리는 행복 비타민이라고 속삭입니다.

# 월요병 이기기

**충성된 자는 복이 많아도 속히 부하고자 하는 자는 형벌을 면하지 못하리라 28장 20절**

"조직에서 구성원들에게 동기를 부여하는 최고의 방법은 돈을 받고 일하는 구성원을 (돈을 받지 않고 일하는) 자원봉사자처럼 대하는 것이다." 피터 드러커의 이 말을 손욱 회장은 '자발적 동기 부여는 구성원의 잠재 능력을 가장 잘 발휘하게 만드는 비법' 이라고 해석했지요. 또한 "조직의 구성원은 (지시의 대상이 아니라) 설득의 대상인 파트너다" 라는 말은 '이해와 공감이야말로 구성원으로 하여금 더불어 신명나게 일하도록 만드는 지름길' 이라고 해석했습니다. '볼런티어 volunteer' 의 마음은 '프런티어 frontier' 의 정신과 통합니다. 자원봉사자의 마음으로 출근하기, 월요병을 이기는 가장 좋은 비결입니다.

# 그래도 감사하라

거만한 자는 성읍을 요란하게 하여도 슬기로운 자는 노를 그치게
하느니라 29장 8절

『감사나눔신문』 이진영 기자가 첫 강의를 위해 지방
에 갔을 때의 일입니다. 어렵게 마련한 정장에 구두를
신고 갔는데 그만 한쪽 굽이 망가졌습니다. 하지만 그
날 저녁 구두에 감사한 것들을 적어보기로 했지요.
"한쪽 구두만 망가져 감사합니다." "숙소에 거의 다
와서 망가져 감사합니다." "내 감사 지수를 체크해볼
기회가 되어 감사합니다." "위기 대처 능력을 키워준
감사 훈련에 감사합니다." 이런 식으로 적어나가자
무려 47가지나 되었습니다. 다음 날 준비해 간 강의
대신 부러진 구두를 들고 나가 체험을 고백한 그녀는
이제 명강사로 불립니다. 명품 인생을 살고 싶다면
'불구하고in spite of 감사'를 선택해야 합니다.

## 268
# 현명하게 늙어가라

곧 헛된 것과 거짓말을 내게서 멀리하옵시며 나를 가난하게도 마옵
시고 부하게도 마옵시고 오직 필요한 양식으로 나를 먹이시옵소서
30장 8절

'중년中年' 이란 단어를 국어사전에서 찾아보니 이런
설명이 있네요. "마흔 살 안팎의 나이. 또는 그 나이
의 사람. 청년과 노년의 중간을 이르며, 때로 50대까
지 포함하는 경우도 있다." 지천명이 코앞인 나는 천
생 중년이군요. 국어사전을 펼쳤다가 우연히 또 하나
의 단어 '중년'을 발견했습니다. '나이를 거듭 많이
먹음' 이란 설명이 붙어있는데, 한자가 특이하게 '重
年' 이네요. 데이비드 베인브리지는 『중년의 발견』에
서 다르게 생각하는 중년의 뇌는 빠르게 생각하는 청
년의 뇌보다 현명한 답을 제시할 수 있다고 했습니다.
진중하고 현명하게 늙어가는 중년이면 좋겠습니다.

# 인생이라는 문제

독주는 죽게 된 자에게, 포도주는 마음에 근심하는 자에게 줄지어다
31장 6절

"한 80대 할머니는 만날 때마다 언제나 싱글벙글 웃으셨습니다. 부럽기도 하고 그 비결이 궁금해서 '할머니, 요즘 건강하시지요?'라고 물었더니 이런 대답이 돌아왔지요. '응, 아주 건강해. 말기 암 빼고는 다 좋아.' 누구나 암을 '고질병'이라고 생각하기 마련이지만 그 할머니는 '고칠 병'이라고 생각한 겁니다." 『인생사용설명서』 저자인 김홍신이 어느 강연회에서 들려준 이야기입니다. 그의 설명에 따르면, 인생은 '내가 문제를 내고 푸는 것'인데 대다수 사람은 문제를 어렵게 내놓고 "힘들다"라는 푸념만 한답니다. 때로는 '천재(천하에 재수 없는 사람)'가 아니라 '바보(바라볼수록 보고 싶은 사람)'처럼 살아야겠네요.

# 행복의 특권

이는 네 머리의 아름다운 관이요 네 목의 금 사슬이니라 1장 9절

"행복은 부유한 사람만이 누릴 수 있는 특권이고 감사는 낙관적 사람만이 가질 수 있는 여유라고 생각했습니다." (주)포메인 김민재 사원의 고백입니다. 그의 생각을 바꾼 것은 아내와 아들이었지요. 출산 시간이 임박하자 아내의 진통이 시작되었고, 그런 모습을 바라만 봐야 하는 것이 너무나 미안했습니다. 그래서 건강한 사내아이를 낳은 아내의 손을 꼭 잡고 말해주었지요. "미안해, 고마워, 사랑해." 그는 그 순간 문득 깨달았습니다. 행복은 결코 가진 자만의 특권이 아니라는 것을. 자신에게도 행복을 누릴 자격이 충분히 있다는 것을. 그는 지금 가족과 감사를 나누며 행복의 특권을 누리고 있습니다.

# 승자가 되려면

대저 그는 정의의 길을 보호하시며 그의 성도들의 길을 보전하려
하심이니라 2장 8절

400여 년 전 원균은 왕의 지원을 받으며 내부의 권력
투쟁에서 승리했지만 왜군과의 전투에서 패배하고
비참한 최후를 맞았습니다. 반면에 이순신은 왕의 견
제를 받으며 고난의 길을 걸었지만 왜군과의 전투에
서 승리하고 불멸의 영웅이 되었지요. 60여 년 전 이
승만은 현실의 권력 투쟁에서 승리해 초대 대통령까
지 되었지만 노욕을 부리다 불행한 최후를 맞았습니
다. 반면에 김구는 권력 투쟁에서 패배하고 암살까지
당했지만 역사의 명예 전쟁에서 승리해 한국인이 가
장 존경하는 리더가 되었지요. 이순신은 『난중일기』
를 썼고, 김구는 『백범일지』를 썼습니다. 진정한 인생
의 승자가 되려면 '감사 일기'를 써야 합니다.

# 거인의 어깨

네 손이 선을 베풀 힘이 있거든 마땅히 받을 자에게 베풀기를 아끼지 말며 3장 27절

하버드대 연구진이 해직당한 사람들을 조사해보니 '업무 능력 부족'보다 '관계 능력 부족'으로 해고당한 경우가 두 배나 많았습니다. 퍼듀대 연구진이 5년에 걸쳐 공학부 졸업생을 조사한 결과도 눈길을 끕니다. 재학 당시 성적이 좋은 상위 그룹과 그렇지 못한 하위 그룹의 연봉 차이는 200달러에 불과했지요. 하지만 대인 관계에서 뛰어난 평가를 받은 상위 그룹과 대인 관계가 서툴렀던 하위 그룹의 연봉 차이는 무려 33퍼센트나 되었습니다. "타인보다 조금 더 멀리 본다면 내가 거인의 어깨 위에 올라섰기 때문이다." 아이작 뉴턴의 말입니다. 동료의 발목을 잡기보다 어깨를 빌려주며 살면 좋겠습니다.

# 메르켈 리더십

좌로나 우로나 치우치지 말고 네 발을 악에서 떠나게 하라 4장 27절

3선 연임에 성공한 독일 최초의 여성 총리 앙겔라 메
르켈. 전후 독일에서 3선에 성공한 총리는 콘라트 아
데나워, 헬무트 콜밖에 없었지요. 동독 출신의 메르켈
을 키워준 사람은 그녀를 '나의 소녀'라고 불렀던 기
민당의 헬무트 콜이었습니다. 하지만 콜이 불법 정치
자금을 모은 사실이 드러나자 주저하지 않고 즉각 사
임을 요구했지요. 반면에 2005년 총리 취임 당시에는
정적이었던 사민당의 게르하르트 슈뢰더 전임 총리
의 업적을 긍정적으로 평가하고 그의 정책을 그대로
계승했습니다. 정파와 이념이 아니라 원칙과 상식에
입각한 정치, 메르켈 리더십이 세계인의 주목을 받는
이유입니다.

# 끝까지 가라

**두렵건대 마지막에 이르러 네 몸, 네 육체가 쇠약할 때에 네가 한탄하여 5장 11절**

"집에 가서 애 보는 '은퇴retire'란 있을 수 없다. 타이어tire를 다시re 갈아 끼우는 '새로운 출발re-tire'이 있을 뿐이다." 신문에서 우연히 발견한 문구가 고령화 시대를 살고 있는 우리에게 발상의 전환을 촉구합니다. 그런 점에서 끝은 실로 끝이 아닙니다. 끝에서 새로운 출발이 시작되기 때문이지요. 그래서 나온 말이 바로 '끄트머리'입니다. 국어사전을 뒤져 보니 실제로 '맨 끝이 되는 부분'과 '일의 실마리'라는 두 가지 설명이 동시에 있네요. 시인 고정희는 "모든 사라지는 것들은 뒤에 여백을 남긴다"라고 했지요. 오늘 끝까지 가본 사람만이 벅찬 마음으로 내일을 맞이하리라 믿습니다.

# 열정적인 사람

네 눈을 잠들게 하지 말며 눈꺼풀을 감기게 하지 말고 6장 4절

영어 단어 'enthusiasm(열정)'은 '안에'를 뜻하는 'en'과 '신'을 뜻하는 'theos'라는 그리스어에서 유래되었다고 합니다. 그러니까 열정은 어원적으로 '우리 안에 있는 신'이라는 의미를 지닌 셈이지요. 결국 열정적인 사람이란 '신들린 듯한 사람'을 말합니다. 영어 단어 'introduction(소개)'은 '안으로'를 뜻하는 'intro'와 '이끌리다'를 뜻하는 'ducere'의 두 라틴어가 합쳐진 말이라고 합니다. 결국 제대로 된 소개란 청중을 주제의 핵심 안으로 끌고 들어가서 그들로 하여금 본론까지 듣고 싶도록 만드는 것입니다. 자신이 하는 일에 열정을 지닌 사람만이 다른 사람의 마음도 움직일 수 있습니다.

# 칭찬과 아첨

이웃에게 아첨하는 것은 그의 발 앞에 그물을 치는 것이니라
29장 5절

"사람들은 칭찬을 좋아한다." 에이브러햄 링컨이 간파한 인간 본성입니다. 그런데 명심할 것이 있습니다. 칭찬과 아첨은 다르다는 사실이지요. 데일 카네기는 칭찬과 아첨의 차이를 이렇게 설명했습니다. "전자는 진심이고, 후자는 위선이다. 전자는 이타적이고, 후자는 이기적이다. 전자는 마음에서 우러나오고, 후자는 입술에서 흘러나온다." 그렇다면 아첨의 유혹에서 벗어나려면 어떻게 해야 할까요? "경청과 같은 은근한 아첨에 넘어가지 않을 사람은 아무도 없다." 잭 우드퍼드가 『사랑의 이방인』에서 했던 말입니다. 입에 발린 아첨보다 귀로 듣는 아첨으로 사람의 마음을 사로잡아야 합니다.

# 어둡지 않다

그러나 나를 잃는 자는 자기의 영혼을 해하는 자라 나를 미워하는
자는 사망을 사랑하느니 8장 36절

"어둠은 결코 빛보다 어둡지 않다." 17년에 걸쳐 오
롯이 『혼불』만 써 놓고 세상을 떠난 작가 최명희가 우
리에게 남긴 화두입니다. 그녀는 칠흑같이 어두운 그
믐을 '지하에 뜬 만월滿月'이라고 역설적으로 표현하
기도 했지요. 추醜가 있어 미美가 드러나고, 사死가 있
어 생生이 빛납니다. 비가 와야 무지개도 뜨는 법. 잡
균이 없는 증류수는 결코 생명수가 될 수 없지요. 인
생의 어둠과 고통에 굴하지 않고 도리어 그것을 혼불
로 승화하는 비법은 뭘까요? 데일 카네기의 충고처럼
"운명이 우리에게 '레몬'을 건넨다면 '레모네이드'를
만들자"라는 능동적 자세로 살아갈 일입니다.

# 사람과 사랑

미움은 다툼을 일으켜도 사랑은 모든 허물을 가리느니라 10장 12절

'회사'를 의미하는 영어 단어 '컴퍼니company'는 고대 프랑스어 '컴퍼니언companion'에서 왔는데, '함께'를 뜻하는 '컴com'과 '빵'을 뜻하는 '파니스panis'가 합쳐진 말이라고 합니다. 그래서 컴퍼니언은 '빵을 함께 나누는 사람'을, 컴퍼니는 '빵을 만들기 위해 모은 사람'을 가리킵니다. '남편'을 의미하는 영어 단어 '허즈번드husband'의 '허즈hus'는 '하우스house'의 옛말이라고 합니다. 따라서 남편이란 '집hus을 묶고 있는band 사람'이 됩니다. 회사와 가정은 '사람'이 있어야 존립할 수 있고, 사람은 '사랑'이 있어야 살아갈 수 있습니다. 감사하는 마음, 사람과 사랑을 하나로 묶어주는 질긴 끈입니다.

# 행복을 벌어라

미련한 자는 행악으로 낙을 삼는 것같이 명철한 자는 지혜로 낙을
삼느니라 10장 23절

"인생에서 돈은 참 보물이 아니다. 행복이라는 식탁
에 차려진 하나의 반찬에 불과하다. 우리가 벌어야 할
것은 돈이 아니다. 우리는 지금 행복을 벌어야 한다."
지하철 벽보판에서 우연히 발견한 문구입니다. 이 문
구 뒤에는 미국의 정치가 로버트 잉거솔의 발언도 소
개되었지요. "행복을 즐겨야 할 시간은 지금이고, 행
복을 즐겨야 할 장소는 이곳이다." 여기에 이런 말 하
나를 덧붙이고 싶군요. "행복은 속도가 아닌 빈도에
있다." 행복은 로또처럼 한 방에 얻는 횡재가 아니라
마라톤처럼 꾸준히 달릴 때 얻는 즐거움입니다. 돈을
버는 부자가 아니라 행복을 버는 부자가 됩시다.

# 한 의자의 법칙

이것이 너를 지켜 악한 여인에게, 이방 여인의 혀로 호리는 말에
빠지지 않게 하리라 6장 24절

미국의 저널리스트 대니얼 액스트는 현대 사회 도처
에 널린 온갖 욕망의 유혹을 자제하는 힘이야말로 개
인의 성공과 생존의 핵심 요소라고 『자기 절제 사회』
에서 역설했습니다. 그는 유혹을 이겨내려면 자신의
의지력이나 정신력을 과도하게 믿지 말고, 유혹이 일
어날 상황을 미리 만들지 않는 것이 중요하다고 말합
니다. 어둠을 쫓아내려고 검은 허공을 향해 주먹을 휘
두르는 것은 어리석은 일이지요. 그럴 때는 조용히 촛
불을 켜는 것이 가장 현명한 방법입니다. '한 의자의
법칙'에 따르면 당신의 의자에는 오직 한 사람만 앉을
수 있습니다. 오늘 아침 당신의 의자에 유혹과 감사
중 무엇을 앉히시렵니까?

# 관계의 룰

구제를 좋아하는 자는 풍족하여질 것이요 남을 윤택하게 하는 자는
자기도 윤택하여지리라 11장 25절

"똑바로 선 우산들 사이사이 기울어진 우산들이 섞여
있었다. 기울어진 것들은 둘이 함께 쓰는 우산이었
다. 우산들은 손잡이의 주인 쪽이 아니라, 하나같이
상대 쪽으로 기울어졌다." 레이먼드 조의 『관계의
힘』에 나오는 한 장면입니다. 자신의 어깨는 비에 젖
지만 상대를 배려하는 주인공의 모습에서 우리는 관
계의 룰을 익힐 수 있습니다. "관계란 자신이 한 만큼
돌아오는 것이네. 먼저 관심을 가져주고, 먼저 다가가
고, 먼저 공감하고, 먼저 칭찬하고, 먼저 웃으면 그 따
뜻한 것들이 나에게 돌아오지." 주인공에게 멘토가
해준 말입니다. 아무리 힘들어도 우리가 관계의 끈을
놓으면 안 되는 이유가 여기 있지요.

# 최고의 주문

의인에게는 어떤 재앙도 임하지 아니하려니와 악인에게는 앙화가
가득하리라 12장 21절

'와다와시(막혀 있는 것을 뚫음)', '에네르바테(정신이 번
쩍 들게 함)', '오리치데우스(꽃이 한 다발 튀어나옴)', '오
블리비아테(상대의 기억을 지우거나 수정함)'. 조앤 롤링
의 『해리 포터』 시리즈에 등장하는 주문 목록과 효능
입니다. 애니메이션 〈라이온 킹〉에 나오는 '하쿠나
마타타'는 스와힐리어로 '걱정거리가 없다'는 뜻입
니다. '러버스테이마트'는 사랑을 이루게 해주는 주
문, '루프리텔캄'은 모든 것을 이루게 해주는 주문으
로 유명하지요. 하지만 행복을 부르는 최고의 주문은
역시 '감사합니다' 아닐까요?

# 비상할 시기

**말씀을 멸시하는 자는 자기에게 패망을 이루고 계명을 두려워하는 자는 상을 받느니라 13장 13절**

"나는 나비를 보았어. 삶에는 보다 나은 뭔가가 있을 거야." 1972년 출간 이후 40년 넘게 수백만 부가 팔린 스테디셀러 『꽃들에게 희망을』에서 호랑 애벌레가 상대를 짓밟고 오르던 애벌레 기둥에서 내려가며 했던 독백입니다. 호랑 애벌레는 꼭대기에 오르려면 기어오르는 것이 아니라 날아오르는 것이 필요하다는 사실을 깨달았지요. 하지만 대다수 애벌레는 냉소적이고 패배적인 반응을 보입니다. "우리의 삶은 기어 다니다가 기어오르는 거야. 우리 모습을 봐! 어느 구석에 나비가 들어있겠어. 애벌레의 삶이나 실컷 즐기자고!" 생각을 바꿔야 위기도 기회가 됩니다. '비상非常한 시기'가 '비상飛上할 시기'입니다.

# 범사에 감사하라

지혜로운 자의 재물은 그의 면류관이요 미련한 자의 소유는 다만
미련한 것이니라 14장 24절

"대팽두부과강채大烹豆腐瓜薑菜 / 고회부처아녀손高會夫妻
兒女孫." 추사 김정희의 대련對聯 작품 중 최후의 걸작으
로 꼽히는 〈대팽고회大烹高會〉의 맨 앞을 장식한 두 구
절입니다. 해석하면 '최고의 음식은 두부, 오이, 생강,
나물이고 최고의 만남은 부부, 자녀, 손자, 손녀' 인데,
추사는 "이것이 촌 늙은이의 제일가는 즐거움此爲村夫子
第一樂上樂" 이라고 노래했지요. 조선 문예의 태두로 불
리던 추사도 인생의 마감을 앞두고서야 소박한 일상
의 위대함을 깨달았던 것입니다. 범사에 감사하라, 그
것이 맛난 인생과 멋진 인생을 사는 열쇠입니다.

# 문제를 찾아내라

잘 걸으며 위풍 있게 다니는 것 서넛이 있나니 30장 29절

마이크로소프트의 빌 게이츠, 폴라로이드의 에드윈 랜드, 페이스북의 마크 주커버그 등 창조 경제를 이끄는 가장 혁신적인 세 사람은 하버드대 중퇴생입니다. 애플의 스티브 잡스, 델의 마이클 델, 오라클의 래리 앨리슨도 다른 대학을 중퇴했지요. 『창조적 혁신가』의 저자인 토니 와그너는 "21세기에는 무엇을 아는가 보다 내가 아는 것으로부터 무엇을 할 수 있는가가 중요하다"라고 합니다. 지식과 정보는 이제 '누구로부터 배우는 것'이 아니라 '내가 찾을 수 있는 것'이 되어버렸지요. 졸업장 때문이 아니라 행복한 세상을 만들기 위해 스스로 문제를 찾아내고, 해결하고, 실행하는 창조적 인재가 많으면 좋겠습니다.

# 스스로를 치료하라

**명철한 자에게는 그 명철이 생명의 샘이 되거니와 미련한 자에게
는 그 미련한 것이 징계가 되느니라 16장 22절**

"나는 늘 말안장을 떠나지 않아 넓적다리에 살이 붙
을 겨를이 없었는데 요즈음은 말을 타는 일이 없어 넓
적다리에 다시 살이 붙었다. 세월은 사정없이 달려서
머지않아 늙음이 닥쳐올 텐데 아무런 공업도 이룬 것
이 없어 그것이 슬플 뿐이다." 소설 『삼국지』에서 유
비가 했던 이 말이 고사성어 비육지탄髀肉之嘆의 유래
입니다. 감사 생활에도 정신적 군살이 붙는 권태기가
찾아올 수 있습니다. 그럴 때 어떤 처방을 내려야 할
까요? 성창기업의 윤외숙 사원은 감사의 정의를 '스
스로 적는 처방전'이라고 내린 바 있습니다. 때때로
찾아오는 감사 권태기를 치료할 명의는 바로 우리 자
신입니다.

# 논쟁을 피하라

미련한 자라도 잠잠하면 지혜로운 자로 여겨지고 그의 입술을 닫으면 슬기로운 자로 여겨지느니라 17장 28절

"논쟁에서 이기는 가장 좋은 방법은 방울뱀이나 지진을 피하듯이 논쟁을 피하는 것이다." 데일 카네기가 『친구를 얻고 사람을 움직이는 방법』에서 했던 말입니다. 카네기는 그 이유를 이렇게 설명했지요. "자, 당신이 논쟁에서 이겼다고 치자. 물론 당신이야 기분이 좋을 것이다. 그러나 상대방의 기분은 어떻겠는가? 열등감을 느꼈을 것이고 자존심도 상했을 것이다. 결국 그는 당신의 승리에 분개할 것이다." 감정을 상하게 하는 일 없이 상대를 변화시키는 비법이 있을까요? 카네기가 대안으로 제시한 것은 칭찬과 진실한 감사였습니다. 건배사 '당신 멋져(당당하게, 신명나게, 멋지게, 저주며 살자)' 처럼 살아보는 것은 어떨까요?

## 288
# 후회 없이 도전하라

아내를 얻는 자는 복을 얻고 여호와께 은총을 받는 자니라
18장 22절

호주 간호사 브로니 웨어는 '죽을 때 가장 후회하는 5가지'를 이렇게 고백했지요. ①내 뜻대로 살걸 ②일 좀 덜 할걸 ③화 좀 덜 낼걸 ④친구들 좀 챙길걸 ⑤도 전하며 살걸. 불행한 흑인 소녀에서 가장 영향력 있는 여성 리더로 인생을 역전한 오프라 윈프리. 토크쇼의 여왕으로 명성을 날리던 그녀는 이후에 잡지, 인터넷, 케이블 TV까지 거느린 하포 그룹을 창설했습니다. '하포Harpo'라는 회사 명칭은 '오프라Oprah'를 뒤집 어 만든 것이라고 합니다. 우리 사회에도 후회 없는 도전으로 반전 인생을 사는 '남男 부럽지 않은 걸girl' 이 많이 나오면 좋겠습니다.

love

# 기도

**여호와를 경외하는 것은 사람으로 생명에 이르게 하는 것이라 경외
하는 자는 족하게 지내고 재앙을 당하지 아니하느니라** 19장 23절

우리에게 기도란 무엇일까요? 이문재의 「오래된 기
도」에는 시인의 감수성으로 빚어낸 18개의 기도 목록
이 있습니다. (시인이 보기에는) 가만히 눈을 감기만 해
도, 고개 들어 하늘을 우러르며 숨을 천천히 들이마시
기만 해도 기도하는 것입니다. 노을이 질 때 걸음을
멈추기만 해도, 섬과 섬 사이를 두 눈으로 이어주기만
해도 기도하는 것입니다. 말없이 누군가의 이름을 불
러주기만 해도, 나는 결코 혼자가 아니라는 사실을 받
아들이기만 해도 기도하는 것입니다. 여기 두 개의 기
도 목록을 첨가하고 싶군요. 새벽에 자신과 깊은 대화
를 나누기만 해도, 시골의 노모에게 전화로 문안 인사
를 드리기만 해도 기도하는 것이라고.

# 모든 게 기적

너는 악을 갚겠다 말하지 말고 여호와를 기다리라 그가 너를 구원
하시리라 20장 22절

"인생에는 두 가지밖에 없다. 한 가지는 기적 같은 건
없다고 믿는 삶, 다른 한 가지는 모든 것이 기적이라
고 믿는 삶이다. 내가 생각하는 인생은 후자다." 아인
슈타인이 했던 말입니다. 바다에 사는 수많은 물고기
가운데 유독 상어만 부레가 없다고 합니다. 부레가 없
으면 물고기는 해저로 가라앉기 때문에 잠시라도 움
직임을 멈출 수가 없습니다. 그래서 태어나면서부터
쉬지 않고 움직였던 상어는 바다 동물 중 가장 힘이
센 강자가 되었지요. 부레 없는 것을 탓하지 않고 위
기를 기회로 만든 상어처럼 이 땅의 청춘들도 감사,
독서, 선행을 통해 모든 것을 기적으로 만들면 좋겠습
니다.

# 빼앗길 수 없는 것

지혜 있는 자의 집에는 귀한 보배와 기름이 있으나 미련한 자는 이 것을 다 삼켜버리느니라 21장 20절

작가 김홍신은 대학생 시절 데모를 하다 경찰서에 잡혀갔을 때 담당 형사에게 들었던 말이 지금도 잊히지 않는다고 합니다. "잡혀온 학생 중에 겁에 질려 손발이 닳도록 비는 녀석은 따귀 한 대 갈기고 싶지만, 자신이 데모 대열에 설 수밖에 없었다고 당당하게 주장하는 녀석은 나중에 저 기세로 어떤 인물이 될지 모른다는 생각에 함부로 대하기 어렵다." 당당한 인생을 살기 위해선 무엇이 필요할까요? 죽은 물고기는 강물의 흐름대로 떠내려가지만 살아있는 물고기는 흐름을 거슬러 헤엄치는 법입니다. 세상의 어떤 것에도 순응하되 결코 빼앗길 수 없는 어떤 것을 내면에 고이 간직한 채 살면 좋겠습니다.

# 인생의 묘미

마음의 정결을 사모하는 자의 입술에는 덕이 있으므로 임금이 그의 친구가 되느니라 22장 11절

행복을 결정짓는 요인은 무엇일까요? 전문가들은 유전 50퍼센트, 환경 10퍼센트, 선택 40퍼센트라고 말합니다. 그렇다면 행복은 일반인이 영원히 도달하지 못할 피안의 세계에 불과한 것일까요? 김인자 한국심리상담연구소 소장은 "절대 그렇지 않다"라고 말합니다. "개인의 선택이라는 40퍼센트의 주체적 요인만 가지고도 유전과 환경 등 60퍼센트에 이르는 객관적 요인을 충분히 통제할 수 있다는 사실에 인생의 묘미가 있다." 시각 장애라는 유전적 한계를 극복한 헬렌 켈러, 아우슈비츠라는 극한적 환경에서도 살아남은 빅터 프랭클이 증거지요. 감사와 긍정으로 마음의 근력을 키우며 살면 좋겠습니다.

# 인사만 건네도

만일 네 입술이 정직을 말하면 내 속이 유쾌하리라 23장 16절

"안녕하세요!" "힘드시지요? 조금만 더 가시면 됩니다!" "감사합니다! 즐거운 시간 보내세요!" 산행하는 사람들은 누가 시키지 않는데도 서로 인사를 나누며 격려합니다. 입산하는 순간부터 익명의 장벽은 무너지고 정겨운 이웃사촌이 됩니다. 한라산을 오르며 문득 이런 생각을 해봤습니다. 출근하며 시내버스 기사에게 "안녕하세요.", 수위 아저씨에게 "감사합니다.", 엘리베이터에 동승한 사람들에게 "좋은 하루 보내세요."라고 인사만 건네도 도시의 일상이 즐거운 산행으로 바뀔 것이라고. 감사 인생에 입산하면 업무가 놀이로, 출장이 여행으로, 질책이 격려로 바뀌는 기적을 맛볼 것이라고.

# 행복의 반대말

그들의 마음은 강포를 품고 그들의 입술은 재앙을 말함이니라
**24장 2절**

"불평하는 일은 라디오를 켜는 일과 같다. 나는 라디오를 켤 수도 있고, 켜지 않을 수도 있다. 나는 늘 켜지 않는 쪽을 선택했다." 유대인 소녀 안네 프랑크의 일기장에 적혀 있던 말입니다. 광고인 박웅현도 이런 말을 한 적이 있지요. "비가 오는 날 내가 선택할 수 있는 것은 두 가지다. 하나는 '주룩주룩 내리는 비를 보면서 짜증을 낼 것이냐'고, 또 다른 하나는 '비를 맞고 싱그럽게 올라오는 은행나무 잎을 보면서 삶의 환희를 느낄 것이냐'다." 행복의 반대말은 '불행'이 아니라 '불평'일지도 모르겠단 생각이 드네요. 불평과 짜증이 아닌 감사와 환희를 선택할 때, 불행은 어느새 행복으로 바뀌지 않을까요?

# 하루라도 행복하게

슬기로운 자의 책망은 청종하는 귀에 금 고리와 정금 장식이니라
25장 12절

"Yesterday is history. Tomorrow is a mystery. Today is a gift. That's why we call it the present." 애니메이션 〈쿵푸 팬더〉에 나오는 명대사입니다. 외화 번역가 이미도는 이렇게 한국말로 바꿨네요. "어제는 이미 사라진 과거. 내일은 아직 오지 않았기 때문에 아무도 모르는 미스터리. 오늘은 선물. 그래서 우리는 오늘을 present(현재, 선물)라고 한다." 감사하는 사람은 과거에 대해 미련을 갖지 않습니다. 미래를 앞질러 걱정하지도 않습니다. 그저 오늘 지금 이 순간에 최선을 다할 뿐입니다. 중요한 것은 하루를 살더라도 행복하게 사는 것이지요. 오늘이란 선물을 감사한 마음으로 받아들이면 좋겠습니다.

# 경험하지 않으면

게으른 자는 그 손을 그릇에 넣고도 입으로 올리기를 괴로워하느
니라 26장 15절

양력揚力은 항공기를 뜨게 하는 힘인데 엔진의 추력과
날개 각도에 의해 생깁니다. 달리는 차에서 손을 바깥
으로 내밀어 앞을 향해 펼쳤을 때 손바닥이 뒤로 밀리
는 것과 같은 현상이지요. 비행기가 활주로를 이륙할
때는 '뒷바람'이 불어야 좋을 것 같지만 사실은 반대
라고 합니다. 도리어 '맞바람'이 강하게 불수록 비행
기는 가볍게 뜹니다. 실제로 항공기 이륙 속도는 시속
240~260킬로미터인데 앞에서 바람이 시속 30킬로
미터로 불면 시속 210~230킬로미터로도 이륙이 가
능합니다. "한 가지 일을 경험하지 않으면, 한 가지 지
혜도 자라지 않는다." 『명심보감』에 나오는 말입니
다. 도전이 지혜와 성공의 원천입니다.

# 양보하지 말아야 할 것

기름과 향이 사람의 마음을 즐겁게 하나니 친구의 충성된 권고가
이와 같이 아름다우니라 27장 9절

몸과 마음의 건강을 원하십니까? 그렇다면 '82세 현역 강사' 김인자 한국심리상담연구소장이 제안한 '행복한 삶을 위한 열 가지 방법'을 잊지 마세요. ①과식, 결식하지 말라. ②남을 미워하거나 화내지 말라. ③매일 일어나서 거울을 보고 세 번 밝게 웃어라. ④이웃뿐 아니라 누구든 만나는 이들에게 먼저 인사하라. ⑤무엇이든 긍정적인 면을 먼저 보라. ⑥원하는 대로 안 되었을 때 '때문에'를 '덕분에'로 뒤집어 생각하라. ⑦작은 것 세 가지에 감사하고 잠들어라. ⑧"미안해"를 하루에 세 번 말하라. ⑨꽃이나 나무에도 "사랑한다"라고 말하라. ⑩15~30분씩 운동하라. 성공은 양보해도 행복은 양보하지 말아야겠습니다.

# 축복의 매장량

부자는 자기를 지혜롭게 여기나 가난해도 명철한 자는 자기를 살펴
아느니라 28장 11절

말라위는 아프리카 동남부에 위치한 세계 최빈국입
니다. 1인당 국민 소득이 600달러에도 미치지 못하지
요. 잠비아, 모잠비크, 탄자니아 등 인접국과 달리 지
하자원도 없습니다. 그래서 국가 경제는 전적으로 농
업에 의존하고 있지만, 정작 국토의 3분의 1만 농사를
지을 수 있는 땅이고 나머지는 사막 같은 박토와 바다
같은 호수입니다. 그렇지만 말라위 사람들은 말합니
다. "하나님은 우리에게 엄청난 선물을 주셨다. 다만
우리가 아직 찾지 못하고 있을 뿐이다." 생각을 바꾸
어 축복의 매장량을 무한대로 만든 말라위가 자신의
애칭처럼 '아프리카의 따뜻한 심장'으로 우뚝 설 날
을 기대해 봅니다.

# 합하면 커진다

사람을 두려워하면 올무에 걸리게 되거니와 여호와를 의지하는 자
는 안전하리라 29장 25절

"오늘 나에게 주신 모든 선물에 감사합니다. 내가 보
고 듣고 받은 모든 것에 감사합니다." 미셸 쿠오스트
신부의 『삶의 모든 것』에 실린 기도문 「감사합니다」
는 이렇게 시작합니다. 그의 감사 목록은 아주 사소합
니다. "이른 아침에 잠을 깨우는 길거리의 소음, 나에
게 하는 아침 인사, 집에서 나를 반겨 주시는 어머니,
방 안을 비추는 전등, 노래를 들려주는 라디오, 내 책
상 위에 놓인 꽃, 밤의 고요, 빛나는 별, 내 일, 내 연장,
내 노력……" 신부는 힘주어 말합니다. "아무리 사소
한 것이라 해도 다 합하면 큰 것이 되고, 그것을 쓰기
에 따라 인생은 아름답게도, 슬프게도 된다."

## 300
## 정말 원하는 것

악인의 제사는 여호와께서 미워하셔도 정직한 자의 기도는 그가 기뻐하시느니라 15장 8절

"내가 정말로 원하는 게 도대체 무엇일까?"『꽃들에게 희망을』에서 노랑 애벌레가 했던 독백입니다. 정들었던 것들을 떠나 방랑하던 노랑 애벌레는 나비가 되려고 고치를 만들던 늙은 애벌레를 만나 나비가 되는 방법을 전수받지요. "날기를 간절히 원해야 돼. 하나의 애벌레로 사는 것을 기꺼이 포기할 만큼 간절하게." 한국코치협회 김재우 회장은 "가치 있는 인생을 살고 싶다면 진정으로 원해서 하는 것과 필요에 의해서 어쩔 수 없이 하는 것을 구분할 줄 알아야 한다"라고 강조합니다. 정말로 원하는 것을 선택하기 위해 무엇을 포기할 것인지 숙고해봅시다.

## '감사 스토리텔러' 정지환은

1965년 경기도 여주에서 태어났다. 서울시립대학교 영문학과와 동 대학원 국문학과 석사 과정을 졸업하고 1993년부터 월간 『말』, 『오마이뉴스』, 『시민의신문』, 『여의도통신』 등에서 기자로 활동하며 우리 사회에 숱한 화제를 불러일으키는 논쟁적 기사를 남겼다. 저널리스트로서 누구보다 열정적이었던 그가 감사에 주목한 계기는 사회적 좌절 때문이었다. 하지만 아이러니하게도 좌절은 감사라는 새로운 희망에 눈뜨게 해주었다. 그는 스스로 감사를 실천하기로 마음먹고 지난 4년 동안 날마다 감사 일기와 함께 감사 스토리를 써왔으며, 새벽마다 아들에게 잠언 읽어주기를 실천하고 있다.

감사하는 삶을 통해 공동체가 행복할 수 있고 그것이

진정한 사회 개혁이라고 말하는 그는 『감사나눔신문』 초대 편집국장을 거쳐 현재 감사나눔연구소 소장으로 일하면서 경희대학교 후마니타스 칼리지 객원교수, 인간개발연구원 편집 위원, 양천구 동네책읽기 모임 회원으로도 활약하고 있다. 최근에는 감사 메시지를 매일 카톡과 문자로 세상에 배달하고 감사 관련 원고를 각종 매체에 기고하면서 기업, 학교, 군대, 지자체, 종교기관, 지역 공동체 등에 나가 감사 경영 강의와 컨설팅을 하고 있다.

저서로는 『내 인생을 바꾸는 감사 레시피』, 『대한민국 파워엘리트 101인이 들려주는 성공비결 101가지』, 『고삐 풀린 망아지, 옥천에서 일내다』, 『문국현 죽이기』, 『한국사학이 사는 길』, 『대한민국 다큐멘터리』, 『정지환의 인물 파일』(전2권), 공저로는 『남해군수 번지점프를 하다』, 『기자가 말하는 기자』 등이 있다.

# 잠언力

© 정지환, 2015

초판 1쇄  2014년 1월 3일 펴냄
초판 2쇄  2015년 3월 10일 펴냄

지은이 | 정지환
펴낸이 | 이태준
기획·편집 | 박상문, 안재영, 김진원, 박지석
디자인 | 이은혜, 최진영
마케팅 | 박상철
인쇄·제본 | 대정인쇄공사

펴낸곳 | 북카라반
출판등록 | 제17-332호 2002년 10월 18일

주소 | (121-839) 서울시 마포구 서교동 392-4 삼양E&R빌딩 2층
전화 | 02-486-0385
팩스 | 02-474-1413
www.inmul.co.kr | cntbooks@gmail.com

ISBN  978-89-91945-61-6 03190
값 12,000원

이 도서의 국립중앙도서관 출판시도서목록(CIP)은 서지정보유통지원시스템 홈페이지
(http://seoji.nl.go.kr)와 국가자료공동목록시스템(http://www.nl.go.kr/kolisnet)에서
이용하실 수 있습니다. (CIP제어번호 : CIP2013029091)